友近の
思い立ったら
ひとり旅

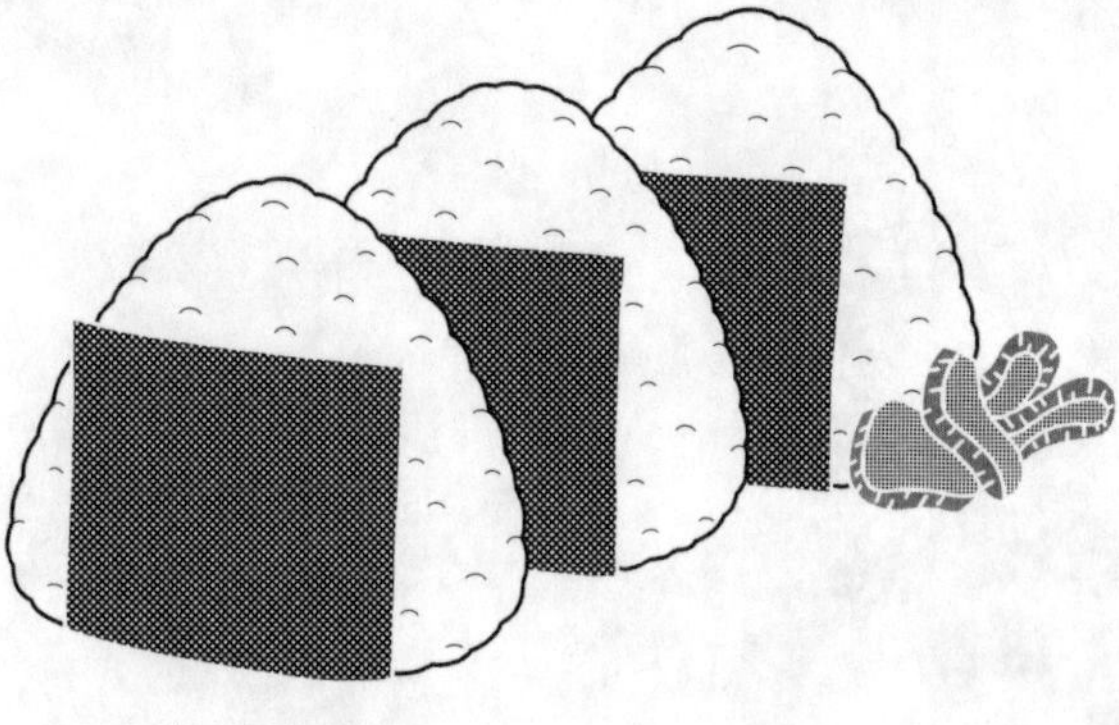

友近

新潮社

まえがき

次どこに行こうかな、と考えている時間の顔が一番おだやかだと思います。急にこの出だし（笑）。

旅に出て環境が変わると、前向きな気持ちと明日への生きる力がみなぎってきます。今までなんでここに来てなかったんだろう、もっと早く来ていれば人生変わってたんじゃないか!? などと思ったりします。

でも今からでももちろん遅くないのです。思い立ったのが今なら、今からでも旅に出ませんか？ きっと何かが変わります。

そう、「何かが」なんですよ。顔つき、考え方、なんらかの発見、人のあたたかさ、自分のおろかさ……旅は何かに気づかせてくれます。

では、始めさせていただきますね。

友近の思い立ったらひとり旅　目次

友近の思い立ったらひとり旅

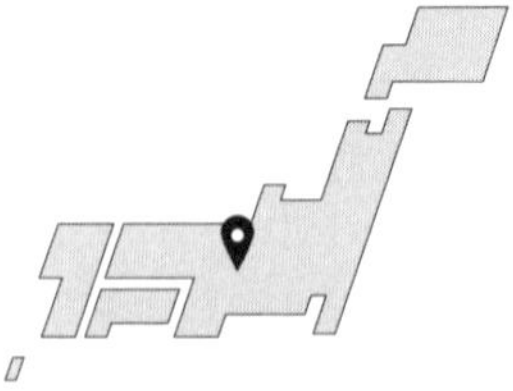

週末ひとり旅の楽しみ

岐阜・下呂温泉「しょうげつ」

こんにちは、友近です。

この世で一番好きなもの。実は私にとってそれは「旅」なんです。だいたい一日の内に五時間くらいは、旅のことを考えています。お仕事とプライベート合わせると、国内で訪れたことのない都道府県はありません!!

愛読書は、旅行雑誌と旅行代理店のパンフレット、そして時刻表です。これは、「私、ちょっと変わってるでしょ?」というノリではなくて、それらを読むのが、マジで私の日々の楽しみなんです。

最近は携帯電話で旅行サイトを見ることも多くなりましたが、そんな自分がすごく嫌です。

しっとり美肌の湯、下呂温泉

本当はすべて紙資料で見たいんです。昭和の人間なんで。しかもそうやって携帯サイトを見るようになってから、視力が1・5から0・4まで落ちてしまいました。別に携帯が悪いと言ってるわけではないのですよ。私の場合は、たまたま視力が落ちちゃった、という……。

旅先を決めるポイント

それはさておき、まず私が旅で大事にしているポイントは、移動手段と温泉です。欲を言えば、ちょっと贅沢に、お部屋に露天風呂が付いてる旅館をさがします。あとは景色も重要ポイントですね。

食事ももちろん大事なんですが、とにかく温泉に浸《つ》かりたいんです。温泉に浸かって、四十肩と腰と心をどうにかしてあげたいのです。それには一人旅がやっぱり一番の癒しですね。もちろん、友達とワイワイ旅するのも好きですよ！　協調性がないわけじゃないので（笑）。昔は群れることが大嫌いで、連れションをしているグループを見ると「しょーもなっ」とこきおろしていました。いくらトイレに行きたくても、連れションは断っていましたね（笑）。ま、そんなトガってた学生時代の話はいいとして、温泉です。温泉に浸かると、一瞬でも開放的な気持ちになるんですよね。ただ、一瞬なんですよ。次の瞬間には、今度は何のネタをしようか、あの人にあれ言わないと、次に何をしようか――などとつい、先々のことを考えてしまいます。これはもう病気というか、生まれもった性分ですね。それでも、その温泉に入った時の一瞬の日常から解き放たれた感じを求めて、おそらく現実逃避に似た旅がしたいんでしょうね。それがたまらなく好きなんです。

旅には、本当は空《す》いている平日に行きたいのですが、実際には、土曜日からの一泊二日の旅が多いです。よく行く場所は東海エリア。なぜかというと、毎週土曜日に、名古屋で朝九時二十五分から、テレビの生放送を十七年間やっているんです。十一時三十分で放送が終ります。で、せっかく名古屋まで来たのだから何もせずに帰るのはもったいないという思いから（いや、何もせずにって、きちんと仕事はしてるんですけどね！）、「せっかくやから」というおばちゃんの発想で旅に出ます。

さて、東海エリアといえば、愛知三重岐阜あたりですよね。

移動手段を大事にしている私としては、愛知はちょっと後まわしになってしまうわけです。いい所はもちろんたくさんあるんですが、長く電車に乗りたい!! となると、三重か岐阜になるわけです。基本は一泊ですから、五感のすべてを満たしてくれる場所を選出します。

三重は、魅力あり過ぎです。なんといっても、近鉄の**観光特急「しまかぜ」**が走ってますからね。青と白のボディが涼しげで、夏に一番乗りたくなる列車です。展望車両、サロン席やカフェ車両、個室とバリエーションも豊富。名古屋から乗車したら、終点の賢島《かしこじま》まで降りたくないのですが、途中には伊勢神宮があります。伊勢神宮に立ち寄りたい場合は、宇治山田で下車しなくてはなりません。でもお伊勢さんには、「ついで」という言葉は使いたくない。お伊勢さんに行くときには、「ついで」ではなく、伊勢神宮を目的に行く、という気持ちを大事に、「しまかぜ」に乗車するのです。

ただ、「しまかぜ」はとにかく人気の電車なんで、そう簡単には席がとれません。そんなわけで三重への旅は少しハードルが高いのです。

そうなると必然的に、思い立った時に乗車できる「ワイドビューひだ（現　特急ひだ）」に乗って岐阜へ、という選択肢になるわけです。こちらももちろん人気の電車ですが、比較的、当日でも乗車可能です。ワイドビューですから、窓が広いんです。上は荷物棚の下から、下は座った時のひじぐらいの低いところまで、窓のスペースがあいていて、めっちゃ開放的です。

ここで一つ、JR東海さんへの苦情のようになっちゃうんですが、窓口だと、ほぼまちがいなく、通路をはさんで横、後ろ、前と集中してチケットを売るんですよね。だから車両全体は空いているのに、自分の席の周りだけ人が多い!!　っていう状況に、いつもなります。切符の確認がしやすいとか、掃除がしやすいとか、いろいろ事情があるのだとは思いますが、広々と座りたいから、出来れば席の間隔を空けて売ってほしいな。せっかくなんで、この機会に書かせていただきました。最近は窓口で、「周りに人がいない席をとってください」とはっきり言うようにしています。ていうか券売機で自分の好きな席をえらんでいます。

宿を決めるポイント

というわけで、今回の行き先は岐阜の下呂《げろ》温泉に決まりです。下呂はとにかくお湯がトロっとしていて、美容液のよう！　美人の湯と言われるのも納得です。

旅館は、毎日五時間は熟読している旅サイトと旅雑誌から選びます。その旅館の魅力が一枚か二枚の写真だけで伝わってきて即決する場合と、何枚も見てじっくり選ぶ場合とあるんですが、私が常連として通っている旅館「しょうげつ」は、写真三枚ほどで決めました。

決めのポイントは立地、部屋からの景色、部屋の露天風呂の趣など。中でも海が目の前にある、いわゆるオーシャンビュー、いやオーシャンフロントがお気に入りです。あとは宿が高地にある場合は、ひらけた景色、電車が走っているのが見える、など、私なりのこだわりがあります。そこは予約する時に、きっちりとそういうお部屋を、とお願いします。

お風呂は、丸いものよりは四角か長方形、石よりはひのき、を選びます（大きさによって好きな形もまた違ってきますが）。お部屋は最近多い和洋室もいいのですが、お布団で寝たいので、和室を選びます。大正ロマン風は少し苦手。あと、清潔感は譲れません。

スタッフさんや女将《おかみ》さんについては、これはまた先々書きたいと思いますが、だいたいこのあたりがクリア出来ていれば、お食事も間違いなく美味しいところが多いです。

ただ、サイトの写真で変にお料理の色を明るくし過ぎているところは、ちょっと別サイトでも確認が必要だと思います。出汁《だし》を使ったお料理で、これはいい仕事しているなあという写真を見つけると、嬉しくなります。その場合は絶対、カブや鯛、ゆず、木の芽……と、最高の食材がジョイントしているんですよね。

景色を楽しみながら下呂温泉へ

そんなこだわりももちながら、「特急ひだ」に揺られて下呂に向かうわけでございます。ワイドビュー改め特急ひだにはもう二十回以上は乗ってますから、だいたいのルールはわかります。名古屋を出発すると、逆方向に進むのです。逆というか、後ろ向きに進んでいくんです。前向きが好きな私は、「げっ最悪や」と最初は思ったんですが、実は後ろ向きに進むのは岐阜までで、岐阜からは進行方向が変わり、前向きになるのです。いわゆるスイッチバックというやつです。東海道本線から高山本線に入るために、スイッチバックが必要となるわけです。後ろ向きに進むのはわずか十五分くらいですが、苦手な方は最初から席を逆向きにされていらっしゃいますよ。

それで十五分経てば、岐阜からは快適旅。時間にして名古屋から約一時間三十分、ワクワク感をかきたててくれる、ちょうどいい時間です。景色を堪能したい方は右側の席を取るのがいいですね。飛騨川に沿って走っていき、トンネルをいくつかくぐると、エメラルドグリーンの川と山の緑が、視力が低下した私の疲れ眼を癒してくれます。

名古屋駅で購入したチーズおかかおむすびと、番組のケータリングで出た「さけるチーズ」、魚肉ソーセージとお茶をリュックにつめて乗車することが多いので、それで軽くお昼を車内ですませます。がっつり駅弁もいいのですが、旅館に着いたら早めの十七時三十分くらいから夕食を食べたいので、昼はがまんです。

そうこうしているうちに下呂温泉に到着です。ちなみに私はいつも十二時四十八分に乗車して、十四時二十二分に下呂駅に着きます。改札を出ると、旅館の送迎車がひっそりと停まっているのが見えます。ひっそり、というのが、なんだか嬉しい心遣い。そこからものの五分で旅館に到着です。

着いてすぐにお部屋に案内してくださるのも嬉しい。我々みたいな仕事の人間は、ワガママですがすっとお部屋に入れていただけるとすごくありがたい。お気遣いに感謝です。そしてお部屋でチェックイン。あったかいお茶にお茶うけ、ここからはもう好き放題させてもらいますよ！

友近流・温泉宿での過ごし方

仲居さんがお部屋から退出されるやいなやすぐ全裸になり、お部屋の露天にちゃぽん！一回目の入浴とまいります。旅館が小高い丘の上にあるので、私の理想の実現、風呂入りながら電車が走っているのを見ることができるわけです。特急ひだを全裸で見てるんですよ。最高です。

十分ぐらい浸かったらサッとあがって、テレビをつけます。「旅先でテレビ見る時間がもったいない！」なんてことを言う人もいますが、とんでもない。私の旅の楽しみのひとつが、その地方のローカル番組をチェックする、ということなんです。東海地方なんで、私が出演している名古屋エリアの局では、だいたいの番組やアナウンサー陣はわかります。でも見たことのない番組が始まると、テンション上がりますね。いつも一緒にやっている番組のアナウンサーが、私の知らない番組に出ていたりするとまた新鮮で、ニヤニヤしてしまいます。これが地方に旅する醍醐味でもありますね。

チャンネルをザッピングしながらぶつぶつ言っていると、またお風呂に入りたくなり、二回目の部屋露天入浴です。温泉好きなのに、意外と早風呂で、五分から十分で出ます。ここの旅館はベランダにデッキチェアも置いてあるので、風呂上りに全裸のまま……と言いたいところですが、さすがにスースーするのと、オペラグラスをもっている方も下呂にはいらっしゃるだろうということで、タオルを巻くかバスローブで座ります。ここでビールでも飲んで、と言いたいところですが、お酒弱いんです、昭和のスナック顔しているくせに。なので冷たいお水を飲んでぷは〜、です。最高の時間。

さて、夕食まであと一時間あります。その間何をするかというと、またまた携帯で旅サイトを開き、次の土日はどこに行こうかと決めるわけです。旅先なんだから今を楽しめ、じっとしとけ、なんですが、こればっかりは性分なんで仕方ない。スケジュール表をとりだし（もちろん紙の手帳）、今回下呂だから、岐阜はしばらく間をあけることにして、次回はもし土日月まで三日あいてたら、足を伸ばして石川、もしくは熊本あたりの城下町にしようかななどと、今度は観光とお食事メインで探したりするのです。お寿司がおいしいお店が金沢や天草にあったりしますんでね。

そんな次の旅の妄想をしているとお食事タイムの到来です。個室料亭です。昔はお部屋食がいいと思ってたんですが、それだとお布団を敷くタイミングがむずかしいでしょ、和室なんで。だから個室料亭がお気に入り。まさにこちらは出汁がいい、かぶら煮やしんじょう系のお料理に木の芽、ゆず、そしてメインの飛騨牛A5がでてきます。ちなみに肉を焼きますから、お食事をいただくときは、寝る時の浴衣は着て行かないでくださいね。浴衣についた肉の匂いが布団の中で襲ってきますから、別の浴衣でいきましょう。

腹パンになるまで肉を味わったら、締めのお食事。ごはんがこれまた最高においしい白米なんです。粒が丸くてしっかりしていて甘くて、思わずおかわりしてしまいます。お味噌汁は赤味噌、八丁味噌ですね、コクがあってごはんに合う。余談ですが、うまいもんは奥にかくし味で八丁味噌使っているところが多いですよ、あくまで私の推測ですが。

さぁーもういよいよお腹がやばいです。最後のデザート、水ものがまたいいサイズで四種類くらい出てくるんですが、食べられちゃうわけです。あーあ、また太った、と言いながら帰りしなに、おひつに余った白米でにぎってくれたおにぎり弁当を渡してもらって、部屋に戻ります。そんなおにぎり、絶対食べられないと思っているんですよ、その時は。しかし、夜二十二時ぐらいになるとそれもペロリ、です。

そしてやってくる最高の瞬間

で、そう!!　一番の幸せがこのあとの瞬間ですよ。お食事から帰ってきて部屋に入るとお布団が敷かれてある、その光景!!　しかもお布団の横で、行灯《あんどん》が心地いい癒しの光を放っているという、この瞬間が一番好き。大の字で、ごろんですよ、もうこのままどーなったっていいい、の世界ですわ（「〜の世界」は高橋英樹さんがよく使う表現。笑）。ここからはもうテレビは見ません。本日三回目の入浴タイムに入り、夜景を見ながら人生を考えるわけですよ。とにかく口角を上げて、うそでも笑っていれば幸せがくる!!　とゲッターズ飯田さんの言葉を思い出しながら、心をやすらかにします。そして二十二時下呂駅着の最終の特急ひだを、高い所からまた全裸でながめます。夜の電車はなにかもの哀しいですね。それでまた勝手にノスタルジックになったりして、一人旅に酔いしれます。

お風呂上りは冷蔵庫の瓶のサイダーとか、ちょっとシュワッとするもの飲んで、さきほどいただいたおにぎりをつまんで歯をみがき、携帯をみると目が痛くなるので脇に置き、朝の八時に目覚まし時計をセットして、二十三時には寝ます。ぐっすり眠れますよ。

八時に起きたら、持ってきた変なヘアバンドして朝食会場に向かいます。昨夜と同じ個室で、夜だとわからなかった部屋からの景色が見られて、嬉しくなります。二十五分くらいで朝食を食べ終え（早い!!）、部屋の布団は敷きっぱなしで、とお願いをしてあるので、そのまま再びゴロン。それからは特別何かするわけでもなく、風呂に入りまた景色を見てのくりかえし。それでいいのです。早めに旅館を出て高山まで足をのばしてもよし、下呂温泉街のチャップリン像を見るのもよし。ただ、私はもう二十回も来てますので、今日はチェックアウトの十一時までのんびりして、また特急ひだで帰ることにします。

帰りは女将さんがいつも温泉ミストをお土産《みやげ》にくださいます。女将さんは夕食の時に一度挨拶しに来てくださるんですが、きっとすごく面白い方なんだろうと思います。長くしゃべるわけじゃないのですが、二時間ドラマに出てきてもおかしくない声の出し方、ジェスチャーなんですよ。二十回通っていても、女将さんとはいい距離を保ちながら、馴れ合いにならないようにするのが、私の美学でもあります。なんか心地いいんですよね、この距離感が。女将さんまたうかがいますね、と心の中で言うんです。

帰りの電車では、また私の席の周りだけ人が沢山、もう!!　だから言ったやん!!　温泉で十分癒されたのに、また口角が下がってきた。ダメダメ、口角を上げないと、うそでも。

愛読書は旅行本ですが、ゲッターズ飯田さんの本もこれからかばんに入れておかないと、トホホ。

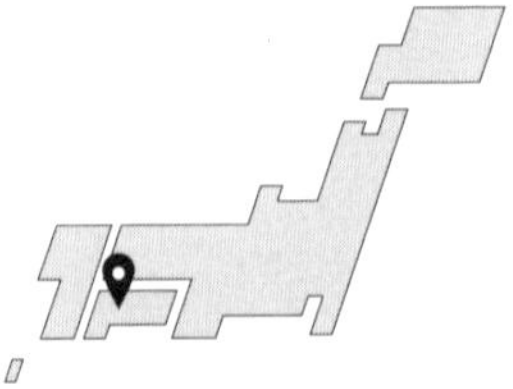

松山よいとこ一度はおいで

愛媛・道後温泉

坊っちゃんカラクリ時計近くの
アートベンチにて

さて今回は、愛媛は松山に行きます！

そう、私の地元、愛媛です。もう地元行っちゃうの？　とお思いの方もいらっしゃるでしょうけれど、長年日本中を旅してきて、その結果の愛媛なんです。

なんといっても、私の前職は旅館の仲居ですから。愛媛は松山の、道後《どうご》温泉の仲居でございました。

大学を卒業して、アルバイトではなく就職で仲居の道を選んで、一年半勤めておりました。ちょっとびっくりでしょ？　仲居さんというと連想するのは、人生いろいろあって、一人で人里離れた旅館に住み込みで働く「わけあり女」っていう感じですもんね。いや、イメージですよ、あくまで。

私が仲居さんを選んだ理由は沢山あるんですが、一番の決め手は、二時間サスペンスが大好きだったことです。中でも「温泉シリーズ」が大好きで、もしかして旅館でなにか事件が起きて、私が解決できるのでは⁉　とか、不倫カップルのいざこざに巻き込まれるのでは⁉など、とにかくテレビドラマの影響が大きかったんです。一度イメージしてみて、これは面白くなりそうだぞ、というものはすべて実体験してみたいのです。我ながら好奇心旺盛。

で、実際なにか事件に巻き込まれたかと言われれば、実は全くないんですがね。逆にあっても困りますしね。でも、それなりにスリリングな体験はありました。国のトップの方々が泊まりに来られたり、能舞台があったせいか歌舞伎の方々が来られたり。少しコワモテの方々が来られた時は、五社英雄《ごしゃひでお》先生の世界が大好きな私は、潜入捜査じゃないですが、自ら手をあげて担当させてもらっていました。その頃からネタ探しに余念がなかったわけです(笑)。仲居さんをやっていたというよりは、仲居さんごっこをしてた感じです。お客様には申し訳ないですが。

すべてが「いい加減」の松山

仲居さんをやってた話はいずれ詳しく書くとして、今回、なぜ愛媛を選んだか。

ご存知でしたか皆さん！　松山の道後温泉は、楽天トラベルの「女性の一人旅に人気の温泉地ランキング」で、ナンバーワンに選ばれたことがあるんですよ。つまり一人の世界に没頭できる街、一人でも退屈しない街、ということなんです。加減がいいんです、すべての。お湯加減も街の大きさも、人との距離感も、いい加減なのが愛媛。もちろん、いい意味の「いい加減」です。

まず、松山は海と山と街が近い。空港から温泉地が近いって便利だし、やる気出ません？しかも道後温泉は、松山一の盛り場、大街道《おおかいどう》や銀天街からも近い。

そして道後温泉は女性にだけでなく、実は男性にも大人気なんです。

なんにでも表と裏があるものです。表の道後温泉は美人の湯といわれていて、肌がなめらかになる。とにかく泉質もいいし、女子ウケするかわいらしい旅館もぞくぞく増えていて、料理やお部屋のクオリティーも、なかなかのものです。

一方、裏の道後は、いわゆる風俗の湯、ソープランドです（はっきり言う）。そして日本の温泉地では、全国で三軒だけ残っているといわれているストリップ劇場も健在で、まさに昭和にタイムスリップしたような、哀愁ただよう裏の道後が元気に残っているんです。

祖母が**「道後温泉本館」**に勤めていたものですから、幼いころ、この温泉にはよく通っていました。お風呂から上がると、一人で行っちゃいけない地域に足を踏み入れたくなり（今は少し跡形が残っているかいないかという状態の、昔のよびこみ宿、遊郭のような所）、立ちんぽのおばちゃんを見て、どこか怖いというか心がザワザワするというか……。そこは通称「ネオン坂」といわれる通りでした。今でも地元に帰ると、ネオン坂があった所には必ず行って、大きく深呼吸をして、歴史を感じながら、五社イズムを全身に取り込んでいます(笑)。

とまあ、男も女も共に楽しめるのが、道後の魅力なんです。

あっ、あと日本最古の湯の一つでもあります、これが一番大事なことでしたね。とにかく歴史があるんです。

みかんだけじゃないんです！

ここでグルメの話、してもいいですか？　おそらく皆さん、愛媛といえばみかんと、あとは何だろう……でしょ？　だから力がはいるんですよ、私の！

まず代表的なものは、もちろん、みかんですよね。が、実はレモンも、そしてびっくりされるのですが、アボカドの生産量も愛媛が全国でベストスリーに入っているんです。ついでに言うと、キウイも一位！

そして愛媛の県魚は鯛（マダイ）です。そう、ご存知、鯛めしです。鯛めしにも二種類ありまして、鯛を炊き込むタイプと、鯛の刺身をのっけて特製出汁醤油をかけ生卵や海苔や海藻をのっけて食べる、ぶっかけ鯛めしの二種類。どちらも美味しいんですが、県外の人に是非知ってほしいのは、「ぶっかけ鯛めし」の方ですね。とにかくお口の中が喜びにあふれます。本場愛媛の鯛めし、どこにも負けない自信があります。

そして次にみなさんに知ってもらいたいのは、愛媛は甘いもの文化があるということ。醤油や味噌、うどん、ラーメン、パスタ、みんな甘い！　ケーキ屋がやたら多いのも特徴です。まず、「うどんが甘いって？」と思うでしょ。もちろん甘くない関西風の出汁のお店もあり、そっちの方が多いかもなんですが、松山発祥のアルミの器に入った鍋やきうどん、これがとにかく甘いんです。甘めの醤油をつかってるんだと思いますが、ほっこり落ち着く出汁。麺もやわらかで、福岡のうどんに似てます。具はシンプルでねぎ・きざみあげ・肉・かまぼこ（なると）・たまご焼きをうすく切ったようなスライスたまごが載ってます。おいなりさんとセットで食べたら大満足。「ことり」というお店に私はよく伺います。近くに「アサヒ」というお店もあり、人気を二分してますね。どちらも美味しい。

続いてはラーメン。ラーメンが甘いなんて、なんかテンション上がらないなあという方も出てきそうですが、あなたが思ってる甘い、とは違います。絶対に！

スイーツのような、砂糖の甘さじゃない、やはりこれも醤油か味噌か。出汁がきいていて甘く、なんかクセになる味。また食べたくなる無限ループ。リピート率１００パーセントです。鶏がらベースの甘いラーメン、松山行ったら絶対食べてください。スープ飲んだ瞬間、うますぎて思わず厨房の中のぞいちゃいますよ！　ちなみに私のお薦めは「瓢太」。そしてこれが私のイチ押しグルメ、甘いミートソースパスタ！　これもただ甘いだけじゃない、甘さのあとピリッとくるうまさ。何が溶けこんでこんな旨み甘みが出るのか全くわからないんですが、量がとにかく多い。普通サイズで麺四〇〇グラムはあるかも……。でもペロッといっちゃうのよ、ソースがうますぎるから。最近小サイズができました。小で二五〇グラムかな……ま、みんな最初はびっくりするんですよ、見た目のボリュームに。でも一口食べると、なんだこの味は、と快哉《かいさい》を叫びたくなる。おすすめの食べ方は小サイズにソース多め!!　です。平日でも行列のできるお店「でゅえっと」。取材は一切NG、でもそれでいいと思う！

昔から地元の人に愛されている名店で、もう三十五年通っているけど、お店の人の声をきいたことがないかも……。ご亭主が、もくもくとフライパンふってパスタいためてソースとからめてます。昔はジャズ喫茶だったそうですが、その雰囲気を残しながら、ずっと同じ場所で営業し続けているお店です、流石です。味で勝負の実力主義。こびない、ぶれない、いいですね。とにかくどこにも負けない、日本一美味しいパスタだと、私は思っています。

夜も楽しい街

余談ですが愛媛の人には、ぶれない、我が道をいく！人が多いような気がします。藤岡弘、さん、村上ショージさん、Superflyさん、そして僭越《せんえつ》ながら私、友近。そういう人を輩出する街なのかな……。

よく言われることですが、地元の良さは地元を離れて改めて気付くんですよね。松山は、海行きたいな、山行きたいな——と思えば一時間以内ですぐ行ける。飲みに行きたいな、温泉入りたいな、観光したいな——それも全部近い！

それから飲み屋、ラウンジ、スナックの数も、西日本で一、二を争うぐらい多いみたいです。つまりはホステスさんも多い、夜かなり楽しい街ってこと。芸能界の知り合いたちも口をそろえて言うてました、遊びに行くなら愛媛いいよなって！　人なつっこい人が多いし、エッチな人も多いと思います（笑）。なんとなくわかるでしょ（笑）！

ぜひみなさま、松山にいらしてください。

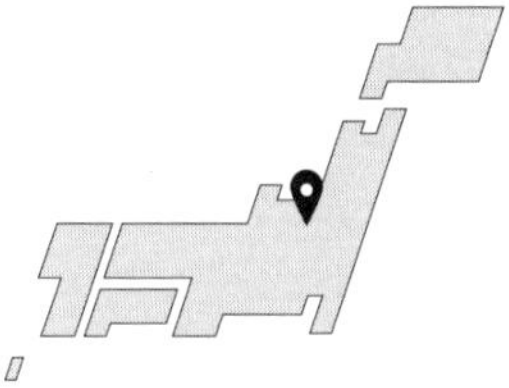

観光列車で移動メインの旅

新潟・上越妙高

ダイエットをしている時は、とにかく炭水化物を断とうと、自分との戦いで必死です。しかしそれ以外の時は、好き放題、大胆に炭水化物を摂取します。そして、炭水化物を好きなだけ摂《と》っていいとなると、私はやはり米を摂りたいですね。

要するに、今回の私の推し旅は、米の旨い場所、ズバリ、新潟県です。

ライブのお仕事でもプライベートでも、度々訪れる新潟ですが、ここに来ると、たがが外れたように、おむすびとラーメンを食べまくってしまいます。もう脳がそのことしか考えられなくなり、ちょっと目がイッちゃってるかもしれません。となると、今回の旅の優先順位は温泉が二位で、一位は食になります。しかも新潟はお米のレベルが高いので、どこの店に

リゾート列車「雪月花」、
実物は赤がきれい

入っても、どこに泊っても、料理が美味しいんです。

新潟は、米を焼きおにぎりにしたり、出汁茶漬けにしたりせず、まっこうから白米、つまりおむすびで勝負してる店が多いんですね。それにおむすびの一つ一つがでかい、まさに私の好きな山下清画伯が好んで食べそうな、大きなふっくらしたおむすびなんです。なので実は、白米は旅館の晩ごはんで食べるより、道の駅などの休憩スペースで食べる、おむすびと漬物のセットの方が好きだったりするのです。塩むすびが一番米のおいしさが味わえますね。三つ、ペロリです。

暗いトンネルを抜けると

ある日の私の新潟旅を紹介しますね。

列車が好きな私は、移動時間そのものも楽しみたい。で、いっそのこと、移動自体が目的の旅のプランにしたんです。前々から狙っていた、**「えちごトキめきリゾート雪月花」**！　車内でお食事をいただきながら景色を眺めてボーっとして、人生捨てたもんじゃないなぁとおだやかな気持ちになれる列車、それが「雪月花」です。

まず十一時二十四分東京発、北陸新幹線**「はくたか」**５６１号に乗車して新潟の糸魚《いとい》川《がわ》まで行きます。十三時二十九分に到着したら、いよいよ「雪月花」に乗りかえです。十三時五十九分発、糸魚川駅から乗車して上越妙高《みょうこう》駅へと向かいます。

窓に向かって座席が設けられていて、その窓はとにかくワイドビュー、柱がほぼないから視界に邪魔が入らず、開放感が半端ないです。

乗車してほどなくするとウェルカムドリンクが出てきます。私はノンアルコールドリンクが好きなのですが、あまり見かけないほおずきサイダーでした。これが美味しい！　ほおずきというと、五社英雄監督の「吉原炎上」に衝撃的なほおずきのシーンがあります。女郎の皆さんの間では常識になっていたのか、お客さんとの間で身ごもった場合は、ほおずきの先を女性の大事なところに刺して堕ろす、という描写があるんです。それを、「雪月花」のウェルカムドリンクを飲むときにふと思い出しました（私の頭の中には常に五社英雄センサーが！）。

最初の停車駅でちょっとしたサプライズが待っています。筒石駅です。なんとトンネルの中にホームがあるんですよ。ひやっとして真っ暗で少しミステリアスな感じですが、それが実際にホームとして使われているというのが神秘的でいいです。そしてその暗いトンネルを抜けると、日本海が広がる絶景が待っております。

トンネルの中で、三段のお重の和食懐石弁当が配られます。糸魚川の老舗料亭が作った、本格的なお料理ですよ！　トンネルを

乗車記念パネルを手に記念撮影

抜けて明るくなった所でお重のふたを開けて、きれいに並べられた新潟のおいしいお米と食材で作られたお料理を眺めます。カニの身がしっかり、白米が見えないくらいぎっしり入っています。ずっと白米の話しているのに（笑）。列車の中でこのクオリティーのお食事をいただけるのは幸せです。さらに嬉しいのは、お汁も出るんです。魚のつみれ汁、うすく切った大根も入って出汁もしっかりきいていて、めちゃくちゃ美味しい。おかわりしたかったけれど、そのサービスはないみたいでした。デザート・コーヒーもつき、最後にはお土産もいただけます。その時のお土産は上杉謙信公兵糧米「毘」。よくわかりませんが、とにかく米です。嬉しい！

十六時四十四分、上越妙高駅着。お昼過ぎに出てワーキャーすごいといろいろ感心していたら、すっかり夕方ですよ。いろんな欲を満たしてくれる旅はあっという間でしたが、「雪月花」、ありがとうございました。

一人旅ならではのお楽しみ

さて、ここからどうするかですよ。新潟県に来てるのに、夜ご飯食べないわけにはいかないし、でもまだお腹すいてないし……、実はそうなると思って今回、泊まる予定にしている旅館は、夜の食事はつけなかったんですよね。チェックインするともう夜なので、旅館のクオリティーもそこまで上げずに朝ごはんだけつけて、六畳和室のこぢんまりした部屋をとりました。ただこちらの旅館はスキー場が近くて、行った時期にはもう雪がつもっており、建物が山の上にあるので景色がよく、露天風呂からの眺めは格別です。

二十時過ぎるとさすがにお腹がすいてくるのですよね。ここは新潟！　旅館の中のちょっとしたお食事処にメニューが出ています。見ると、おむすび、ラーメン、おでん！　もう、今、一番食べたいやつ！　たがが外れたように、おむすび二つにラーメン、おでんも八本注文しました。

一泊二日で夜ご飯はなし朝食はあり、Ｇｏ Ｔｏトラベルを使って六八〇〇円、そしてクーポン二〇〇〇円分もらって、そのクーポンでラーメンおむすびおでん、ちょうど二〇〇〇円ぽっきり！　なんてきれいな精算、しかもお腹満たされまくり、私の読みは当たってました！

そしてお部屋に戻って、あ〜太った〜言うて、持ってきた加圧ベルトをお腹に巻いて腹筋しておりました。旅に欠かせないアイテムに、小腹が空いた時の魚肉ソーセージに加えて、最近、加圧ベルトが追加されたのは、こうなることがわかっているからです。

翌日、朝ごはんはバイキングです。バイキングって、その人の性格が出ますよね。きれいなバランスで取る人、どかっと一度に取る人、揚げ物ばかり取る人、ゴリラのエサみたいに果物だけ取る人……。私は極力バランス良く取るようにしてます。明らかに四十過ぎて、いや、四十五過ぎて、量は減らしています（ただ昨日、ラーメンおむすび二個おでん食べてますから、あんまり意味ないですが）。

そしてここは新潟ですから、やっぱり白米はおかわりしちゃうのですよ。これはしゃーない、許して！　スクランブルエッグ、オムレツ、卵焼き……卵料理、全種類食べてしまいました。そういや、板東英二さんがゆで卵一日五個食べてたな……（笑）。あー余談余談。とうふの味噌汁、そして別の汁もの、郷土料理かな、根菜たくさん汁三種に、かぼちゃきんぴら、焼き魚、ラタトゥイユ！　左手でお腹の出具合を確かめて、かなりやばくなる寸前で止めました。

そうこうしているうちにチェックアウトの時間です。あと三十分しかないですが、朝風呂にも入りたく、夜の景色しか見られていなかった露天風呂に行きました。山に雪がつもって空気が澄み切っています。夜より温泉の硫黄の匂いが濃くなっており、あ〜朝風呂入らずに帰ってたら損してたわ！　と少し大きめの独り言を言いながら、大満足で旅館をあとにしました。

もう私、一人旅じゃないと満足できないかもしれません。だって誰かと一緒だと、「ラーメンとおむすび二個とおでん食べに行こう！」ってなかなか誘えないし、毎回原稿は旅館に泊まって書くし、なんせ作家気分なので、部屋にほかの人いたら書けないし……いつのまにか、本当に一人旅の達人になりそうです。ワハハ、いや、トホホ。

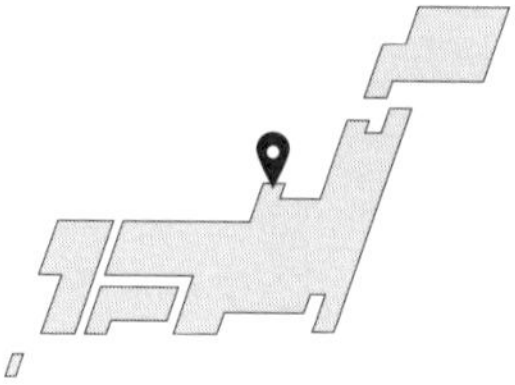

贅沢旅で自分と向き合う

石川・能登「よしが浦温泉 ランプの宿」

まさに五社監督の世界！

さて今回は、プライベートでも何度も訪れたことのある、能登《のと》に行きましょう。石川県なので小松空港かしら？　と思う方もいらっしゃるかもしれませんが違います。羽田から、小松ではなく能登空港を目指していきますよ！　能登空港、またの名を「のと里山空港」！

そう、日本にはこの能登だけではなく、愛称がついている空港が数多くあります。本当は愛称で呼んでほしいんだけど、正直、なかなかまだ浸透していないというか……。でもその空港の知名度向上・利用促進の為に、その地のPRとなるような愛称を一生懸命考えた、地元の方々の努力がうかがわれて、キュンとしちゃうんです。

例えば、富山空港は「富山きときと空港」。「きときと」とは、新鮮で活《い》きがいいという富山の方言です。岡山空港は「岡山桃太郎空港」、高知空港は「高知龍馬空港」、鳥取空港は「鳥取砂丘コナン空港」。一番興味深いのが宮崎空港、「宮崎ブーゲンビリア空港」です。マンゴーでも肉巻きでもなく、あまり聞きなじみのないブーゲンビリアよ！　覚えにくいけど覚えたら忘れない！　宮崎のような暖かい地域に咲く花、これを宮崎は推したいんだ〜という想いが伝わってきて、好き。

それでいうと、地元の愛媛の松山空港は何て愛称つけたらいいかな……みかんはあまりに有名すぎるから、実はあまり知られてない県魚の鯛で「松山鯛めし空港」、温泉としては有名だけど、古いというのを知られていないので、「松山最古湯道後温泉空港」、「松山甘い物文化空港」、「松山高松と玄関口争い空港」、「松山福田和」……このへんでやめときますが、いろいろ考えると楽しいんですよね。

日本三大パワースポットのひとつ

おっと話がそれました。能登です。目的地は、能登半島の「よしが浦温泉 ランプの宿」です。能登半島の先端に建つお宿で、日本三大パワースポットのひとつといわれる「聖域の岬（珠洲《すず》岬）」にあるんです。ワクワクするでしょ。なんでも、百年前の水が腐ることなく保たれていて飲める、という不思議な話もあるくらい。では、その「ランプの宿」を目指します。

羽田空港からおよそ一時間で、のと里山空港に到着します。空港から電車は通ってないから、移動はバスか、タクシーか、ふるさとタクシーです。ふるさとタクシーが絶対そそられるでしょ、ふるさとタクシーにしましょう！　相乗りで、それぞれの目的地に寄りながら運んでくれるのが、ふるさとタクシー。観光客が少ない時は、お一人様で乗れることもあります。だいたい一時間で宿に到着します。金額は一三〇〇円。タクシーだと思えば安いでしょ。地元の話をいろいろと運転手さんにききながら、冬は雪景色と日本海を眺めながら、あっという間です。

タクシーはまず駐車場に止まります。で、そこに宿の専用の車が来てくれています。細いがけ道を通るので、自家用車で行かれる方も上の駐車場に止めて、そこからは、短い距離なんですが、そのがけ道に慣れている宿のドライバーさんが、運んでくれるのです。

到着すると、もうため息ものです。半島の先端で、しかもがけを下りましたから、海が真ん前、迫るような日本海の波が出迎えてくれるのです。凄いでしょ？　来てよかったでしょ？　連れてきた者としては、ここでまず尊敬されますよ。

宿には本館と離れがあり、全部で十四部屋、もちろん全室オーシャンビューどころかオーシャンフロント！

せっかくなんで、露天風呂付きの離れ「波の離宮」に泊まりましょうか。二階建てメゾネットタイプになっていて、木造の船屋をイメージしています。昔ながらなのに新しい。ランプの宿ですから、明かりがとにかく素敵なんですよ。昔は電気が通っていなかったので、本当にランプの火だけで宿をやっていたそうなんですが、電気が通ってからも、明るくし過ぎず、ランプの光も活かしながら、幻想的な照明で演出してくれています。

こういう所は波の音がBGMになります。ゆっくり時を忘れて過ごしてくださいね、というコンセプトのもと、テレビを置いてないんですよね。いいわね〜このこだわり！　と言いたいところですが、正直言うと、私はテレビは欲しいんです。年末年始は特に、面白い番組多いし、自分が出てる番組もチェックしたいし、自分のパートのどこの部分が使われてるかな？　うわっあそこカットされちゃったんだー、ショック、などと、あーだこーだいいながら見たいんですよ。もちろん恒例のローカル番組チェックもしたいしね、ネタにつながりますから（笑）。まあでも、何度も訪れていますが、テレビがなくても全く問題なく、大満足に過ごすことが出来る宿に間違いないです。

めくるめく五社英雄の世界

まずチェックインするんですが、お部屋に案内されるまでの通路が、もういやというほど聞いてるとは思いますが、はい、まさに五社英雄の世界！　好きやなあ五社英雄（笑）。ほの暗いランプと、赤い壁に木造の柱がずらーっと並び、それが目に入ってくると「吉原炎上」のオープニング曲が頭の中で流れるんです。お約束の花魁《おいらん》道中はもちろんしますよ（笑）。

そして、いよいよお部屋に入ります、く〜！　もう目の前に海が広がってるわけですよ。そしてその海の手前には、プールではないのだけれど水が張ってあり、夜になるとライトアップされてブルーに浮かびあがり、神秘的な雰囲気になるのです。部屋、テラス、水、海、と四段階で楽しめるわけです。そしてテラスの横に露天風呂です。たまりませんわ。

一階の和室はシンプルで、服を入れる棚とテーブル、あと階段状になっている棚。これが味があるんです。実際正面から見ると本当の階段になっていて、そこを上がると二階にベッドがツインで置いてあります。目が覚めたら外はすぐ海。とにかく波の音と寄り添う宿です。ボーッとしましょ。

ここの一番のおすすめは貸切露天風呂です。もちろん温泉です。旅館のメインの建物か？というくらい、かなり自信満々にそびえ立つ建物が、貸切露天風呂です。入ると、建物の中でも一番岬にせり出しているのが湯舟。目の前で、もう東映の映画が今から始まるんじゃないかというくらいの波が、岩にばさ〜っとかかって、圧巻です。このまま映画撮りたい、このまま女優になりたい、このままここに住みたい、このまま時が止まればいいのに、と「このまま」感情が止まりませんのよ。朝も夜も両方おすすめです。

さて温泉から上がるとお待ちかねのお料理です。冬はなんといってもカニでしょ。北陸のカニが一番好きかも。十一月上旬から二月末まで、加能《かのう》ガニが味わえるんですよ、地元の天然塩でゆでられた加能ガニが絶品です。私はとにかくカニ鍋が好きなので、別注文していいですか？　カニしゃぶではダメなのよ、お出汁を楽しみたいからカニ鍋なの。これこだわり。お酒をのまない私は、カニ三昧とウーロン茶、もしくはスパークリングウォーターで大大満足。ご馳走様でした。それではお部屋に戻ります。

お部屋に戻るなり、毎度のお約束ですがすっぱだかになり、露天風呂にポチャンですよ。ザッパーンの海を眺めて、五分ほどつかって出て、テラスでバスローブ着て冬の寒空と波を感じて、少し寒くなったら、またポチャンと温泉入る。これを、千回ほど（笑）くりかえします。風呂から出ると、今度は再び貸切風呂に行き、感動してつかり、部屋に戻って、また海を眺める。このループがたまりません。

二十三時にはもう寝ますかね。二階に上がってきれいなシーツの上でぐっすり寝るわけですよ。

翌朝、ほんとに波の音でびっくりします。おだやかな海なのに、ザッパーンは大きく聞こえるんですわ。あっ今私、能登に来てるんだと、起きてすぐ気づかせてくれます。

朝食をいただき、チェックアウトぎりぎりまで、また部屋の風呂に入って朝の日本海を眺めます。なんて幸せなんだ……こんな日がずっと続けばいいのに。このまま何ごともなく、日々やりたいことを、好きなだけやり続けられたらどれだけ幸せか。

いや、その幸せをつかむのも自分次第！　また頑張って働こうと、強く心にきめ、能登を出るとするか！

自分をみつめる時間をじっくりとれる場所、能登。あ、「のと自分と向き合う空港」っていう愛称もいいかも！

〈追記〉

能登といえば二〇二四年一月に地震があり、広い範囲で被害に遭われた方が沢山いらっしゃいました。九月には大雨による被害もあり、今もなお苦しまれている方が沢山いらっしゃいます。

地震のあと、私もすぐ「ランプの宿」の安否を確認しました。

幸い、海の真ん前なのに建物などの被害はほぼなしと知り、それについては少し安心しました。しかし、地域でいうとど真ん中で災害に見舞われた方も多い地区だったので、まだまだ大変だと思います。一日でも早く元の生活が戻ってくることをお祈り申し上げます。

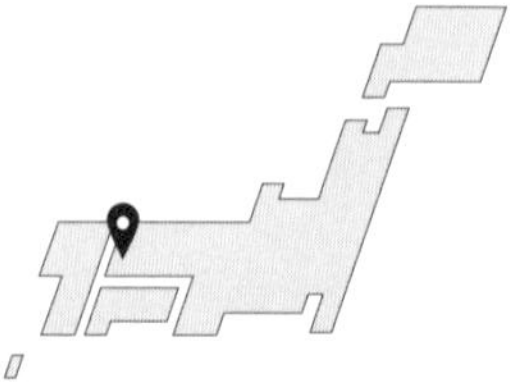

観るたびに感動する「女将劇場」

山口・湯田温泉「西の雅 常盤」

ネタ探しの旅というのは普段あまりしないんですが、今回ばかりは行って参りましたよ。「女将劇場」が有名な山口県湯田温泉の「西の雅《みやび》 常盤《ときわ》」さんに！

テレビなどで見かけたことのある方もいらっしゃるかもしれませんが、もうとにかく私が大好きな世界！　実際、十五年ほど前の、私の「ちづる荘きりこ」という旅館の仲居さんコントに、仲居ショーというネタがあるんです。もちろん私のは、とにかくクオリティーの低い、なんだそりゃっていうショーをお客様に見せて、それが受けないのを後輩のせいにする、という意地悪な仲居のネタなんですが、ただ後輩や一座の方に、愛情をもちながらも厳しく説教するところとか、すごく似てるんです。選曲や演目のチョイスも、ある意味、実は少し

「女将劇場」ポスター

似てたりします。

もちろん私がそのネタを作った頃は、女将劇場はまだ見てないです。なんとなくこんな感じのショーあるよなぁ、みたいなことを想像しながら作ったら、ちょっとニュアンスが似たというか。言っておきますが、私のはひどいですよ（気になる方は私のＤＶＤ「いつもごひいきにしていただいております」でご覧になって！）。

「女将劇場」の魅力

その女将劇場の話を今回は沢山したいんです。若い男女の従業員に手伝ってもらいながら、このショーを始めてもう六十年という大女将、宮川高美さんが、いろーんな芸を見せるんです。

みなさんどんな芸を想像されますか？　太鼓にお琴に水芸、そう、まさにそれです。ただ、これが凄いんです！　すさまじいと言ったらいいのかな。

和太鼓は本当に立派で、叩いてる大女将が七十代とは思えないパワフルさとキレ！　鬼気迫るものがありました。この太鼓の演目の名前は「ＳＬ太鼓」。何でかというと、蒸気機関車の音をカセットテープに録音してあって、それをテープレコーダーから流して、汽笛の音にあわせて太鼓をドンドンと叩いていくからなのです。お好きな人は、この時点でクスッときたでしょ！　おかしいのに、くだらないのに感動するんです。そこが女将劇場の魅力です。

もう少し演目のタイトル言っていいですか。「胡蝶の舞」、これはマジックですね。ティッシュで作ったフワフワな紙を蝶々にみたてて、左右の手に持った扇子で、フカフカ動かします。本当に二匹の蝶々が飛んでて、愛し合ってるように見えるんです。タネはあかしませんが、それがわかっちゃうような所もかわいい。ちなみに、私は目が最近悪くなったから仕掛けが見えず、まったくわかりませんでした。ただただ面白く、笑ってました。

そして水芸。みなさんもご存知だと思いますが、水の器を左右の手のひらに乗せて、入れ替えたりする不思議な芸です。いくつもの口から噴きだす水を、両手の扇子で自在に（？）操ります。見てても仕組みがよくわからないのですが、結果、女将がぐしょぬれになって、バケツの水を頭からかぶったような状態になるんです。水芸をまぢかで見る機会はなかなかないですが、あんなビシャビシャびっちょんこになってる水芸、見たことないです（笑）。

それからブラジャーの芸。マイケル・ジャクソンの曲に合わせて軽快に、アシスタントの女性のブラジャーを外すんです。最高にくだらなくて大笑い。好きだわーこの女将！

「U.S.A.」も、腹かかえて笑いました。この中に安倍さんとトランプさんっていうネタがあるんです！　棒で人形をつなげて、横歩きしながらひとつ動かせば人形全部が動く、あれです。

他にもおばけショー、ゾンビボール、そして私の大のお気に入りが、頭の後ろにお面を付けてやるイナバウアー！（ただの前屈）。はー私もやりたい、でももう女将がやったのを見てしまったから出来ない、くやしい！　そんな芸です。

ざっと五十演目を、ショートネタで、だだだだだ〜と一気に見せていくんです。だいたい七十分ぐらい。ノンストップですよ。しかも宿泊のお客様には無料で見せてくださるんです。もう涙出ますよ。最後なんて感動の涙。これを六十年続けてこられてるんですよ。時代の変化と共にネタも変えて、常にお客様ファースト。芸人の鑑《かがみ》、女将は素晴らしい芸人です。

後で話を伺うと、毎日休みなしで旅館の仕事をして、夜には毎日公演してるんです。しかもその公演が終わったら、一座のみんなを集めて毎晩稽古、終わるともう夜中です。終わってから旅館の温泉に入ったりされないんですか？　と訊いたら、六十年勤めて、一度、ロケで入ったくらいだと。大尊敬。常に腰が低く謙虚な女将は、実はしゃべると物静かでとてもチャーミングな女性なんです。それがひとたびステージに上がると豹変！　どうにも止まらないですわ！　とにかくみなさん、ぜひ一度ご覧になって下さい。

トロットロのお湯

さて、女将の話ばかりになりましたが、湯田温泉駅には、列車を見ながら足湯につかれるスポットなど、歩いて行ける距離に足湯がなんと六ケ所もあるんです。これがすごく気持ちよくて、地元の方が本当に愛してるお湯なんだなあ、と分かります。スーパーの帰りとか、子供と一緒にとか、みんなほっこりしています。アルカリ性単純温泉なので、飲泉をしても飲みやすく優しい、やわらかいお湯なんです。

アルカリ性単純温泉ってみなさんよく聞くでしょ？　最近になって気づいたんですが、私が好きな温泉、調べてみたらほとんどがアルカリ性単純温泉だったんです。もちろんそうじゃなくても好きな所はあるんですが（あっ硫黄泉も大好き‼）、地元の道後温泉も、奥道後温泉も、ともに、美肌の湯とよばれています。前にご紹介した下呂温泉も、今回の湯田温泉、そして山口県長門《ながと》市にある油谷湾《ゆやわん》温泉「ホテル楊貴館」、こちらも、卵の白身の中に入ってるかと思うくらいなめらかトロットロ、これらはみーんなアルカリ性単純温泉です。

話を戻しまして、湯田温泉「西の雅　常盤」さんのお部屋についている露天風呂が、また気持ちがいいの。デッキが広くてビールでも飲みながら、と行きたいところですが、私はアルコールはほとんど飲めないから、シャンディガフでな！　女子でしょ！

ぐっと飲み干せばサイコーの気分で、そのあといただく夕食も、質も量も満点。山口だから、もちろんふぐをいただきました。ぷりぷりでさしみから唐揚げ、鍋まですべてペロリ。冬はあんこうもおいしいですよね。

とにかく心も体も脳もすべて満たされた旅になりました。またすぐ女将に会いに行きたいです。

女将、感動をありがとうございました！

湯田温泉、堪能しました！

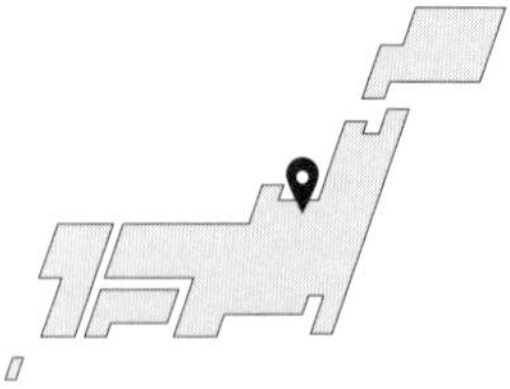

行ったのにまたすぐ行きたくなる宿

新潟・妙高高原「赤倉観光ホテル」

お部屋の露天風呂からの絶景

何度も訪れたいホテルや旅館って、ありますよね。今回は、そんな、一度知ってしまったら、とりこになってしまうホテルをご紹介します。

新潟は妙高高原にある、「赤倉観光ホテル」です。

今私の中では一位かな……特に冬。源泉かけ流しの温泉（湯の華が浮かぶ、あの匂いがたまらない）、料理、景色、部屋、施設、電車の乗り継ぎ、スキー場が目の前（私はスキーは出来ないが。笑）、もうどれをとっても感動もの！

何度も何度も行きたいところですが、やはり高級ホテルで、しかも創業が昭和十二年という超老舗、高原リゾートホテルの草分け的存在でありますから、やはりお値段もいいです。

自分も、そんなに休みをとれるわけでもないですから、百回以上行きたいところですが、今のところまだ四回しか行けていません。四回も行ってるのか、って思う人もいるかもしれませんが、帰る際に次の予約を入れる人が、半分以上はいるみたいです。あー、書いていたら行きたくなってきました。とにかく中毒性があるんです。

東京からの行き方は二パターン

何から魅力をお伝えしたらいいかな、まずは行き方からかな。電車が好きだからやはりそこから書きます。

東京から妙高高原への直通電車なんてものは、残念ながらありません。十五時のチェックインに間に合うように行くには、東京駅を十一時二十四分に出る北陸新幹線**「はくたか」**に乗ります。ただここで気をつけないといけないのが、行き方が二パターンあるんですよ。どちらも同じ新幹線ですが。

まず一つ目のパターンは、「はくたか」で長野駅まで行きます。東京から四駅！　近い！　速い！　だいたい一時間三十分で長野に着きます。そこからほぼ待ち時間なし、乗り継ぎスムーズ、十分ほどで**「しなの鉄道北しなの線」**に乗り換えて、四十分ほど走ると妙高高原駅に到着です。東京から、二時間ちょいです。十三時四十三分には着いていています。

ただ、十三時四十三分に着くと早すぎるんですよ。駅にホテルからの送迎バスが来てくれるんですが、十分ほどでホテルに着いちゃうから、チェックインまでまだ一時間もあるんですよ……早くお部屋に入りたいけどまだ入れない……。そんなあなたにおすすめなのが、二つ目のパターンの行き方です。私はいつもこのパターンで行きます。

同じく十一時二十四分発の「はくたか」に乗って、長野では降りずに上越妙高駅まで行くんです。そこから**「えちごトキめき鉄道」**の**「妙高はねうまライン」**に乗って、妙高高原まで行きます。十四時四十一分到着、ちょうどいい。ただ、乗り継ぎがちょうどいい時間じゃないんですよ、上越妙高で五十分ほど待たないといけないんです……それをよしとするかどうかです。

私としては、ホテルに到着してるのにお部屋に入れないのがなんかいやで、だったら乗り継ぎ時間が長くても、その間に期待をふくらませながらワクワクドキドキ、もう少しで「赤倉観光ホテル」に着くぞ、もうすぐ源泉かけ流し温泉に入れるぞーという気持ちを高めたいのです。よって東京→上越妙高→妙高高原のルートで行くことにします。

クラシカルの中のモダン

さて、いよいよホテルのお話ですよ！

　とにかく高原リゾートホテルのパイオニアですから、外観もひときわ目立って、もう格が違います。赤い屋根が見えてきたら、それが「赤倉観光ホテル」です。しかも標高千メートルの地に建設されてますから、この立地がもう圧巻なんです。他を寄せつけない横綱級のトップクラス、新幹線でいうところのグランクラス！

　なにが素晴らしいって、昭和十二年創業で、今もなおずっとその地位と歴史を守りながら、クラシカルの中にモダンも取り入れて、時代にも合わせつつ、新しい客の心をもつかんでいるというところ。

　私が宿泊するのは、いつも贅沢に、部屋に露天風呂がついているプレミアム棟です。もちろん部屋のお風呂も、源泉かけ流しの温泉です。湯量が豊富なのがすばらしい。

　部屋には大きいベッドが三つ、リビングには昼寝もできる、大きめのカウチソファ、デスク。そして一番すてきなのがテラスです。かなり大きいテラスで、ソファ、テーブルに椅子などが余裕で置けちゃう広さ。その横に、三人同時に入れるくらい大きい露天風呂があるんです。そして目の前はなんてったって、標高千メートルですから、さえぎるものがなく、山々が広がり湖も見え、もう視力がいきなり2・0になるんじゃないかというくらい絶景で、いいものしか目に入ってきません。初夏は新緑、冬は雪、スキー場のゲレンデが目の前ですから、冬にはとにかく白銀の世界が広がります。

　冬に三回、新緑の頃に一回、行きました。新緑の時に、緑の合間から、何かが見てるぞと思ったら、タヌキ？　キツネ？　が見えたんです。あんなに顔の特徴が違うのにどっちか忘れましたが、ちょこんと遠くから、私の入浴シーンを見てたんです。可愛すぎましたよ。こっちが見返すと、恥ずかしかったのか、逃げて行きました。大自然の中にいるんだなぁと、ほんとに癒されたのを思いだします。

冬は冬で最高で、寒いのでもう温泉が本当に天国。部屋にはリモコンでつける暖炉があって、すぐあったかくなるし、温泉はずっとあったかく、一日十回は、入っては出てをくりかえしますね。出たら、バスローブを着てソファに座り水飲んで景色見て「最高やなー」言うてまた湯に入り、温泉の匂いが体にしみこんでいるのを確認します。

これ、付き合っていることを周りには言ってない社内カップルで来て、いざ二人が休み明けに出社したら、あれ？　あの二人の体から同じ硫黄の匂いがした！　もしかしてあの二人付き合ってんちゃう！　ってバレるくらい、そんな想像をしてニヤニヤするくらい、何日経っても匂いが消えないレベルの温泉です。それがいいんです!!　とにかくずっと自分の体をかいでいたいくらい匂いが残ります。それから、シャワーブースのシャワーが、冬でもすぐに熱いお湯が出ます。あの、シャワーのお湯がなかなか温まらないのは我慢できないですからね。とにかく、もう皆さん、行って下さい。

お食事のチョイス

そしてお食事ですよ、いろいろチョイスできますよ。フレンチ、グリル、和食懐石、しゃぶしゃぶコース、すきやきコース、すし懐石から選べます（ちなみに、すきやきは二〇二三年十月末で提供終了したそうです。代わりに今は牛すき鍋が食べられるとか。それも食べてみたい！）。

やはり高原リゾートですから、フレンチは外せないです。行くときはだいたい二連泊しますから、一日目の夜はフレンチ、二日目は和食懐石にするパターンが多いです。二日目はすきやきコースにすることもありました。

まずフレンチ！　おいしゅうございます。岸朝子です。お酒がのめないからぶどうジュースを何杯もおかわりして、前菜からいただきます。行くたびにもちろんお料理も変わりますから、お魚とお肉両方いただくこともありますし、スープは本物のビーフコンソメで味わい深いですし、おソースがきれい。パンも、ベーカリーがホテル内にありますから豊富でおいしい。メインが牛、豚、鴨からチョイス出来るのもうれしい。とにかくゆっくり味わって食べます。姿勢を正してナイフとフォークをもって、少し口角上げて、ゆっくり口に運びます。いつもより十回は多く咀嚼します。

周りの人を観察すると、まあ客層が違います。品がある七十歳より上の方が多いです。若いころからずっと来ているリピーターで、奥様を連れて来てるような方とか、ワンピース着て、ジャケット着て、社交界によばれてもすぐ行けるような恰好をしたカップルとか。ご家族で来てる方は、おじいちゃんおばあちゃん、お父さんお母さん、七歳くらいの息子といった感じの組み合わせが多いです。息子ちゃんは決まってどの子も、短パンにハイソックスはいてチェックのシャツ着て、ヘアースタイルはいわゆるお坊ちゃまカット——田中星児さんのようなヘアースタイル⁉（笑）でちょこんと座って、「おいしい？」とおばあちゃんに質問されてます。裕福な家族なんだろうなぁと……急にいやらしい……スミマセン……。

あっ、すきやきは肉が極上のお肉でしてね。一人前五枚程度だったんで、ありゃーこりゃ追加をしなければだなぁと思っていたんですが、結局五枚がちょうどいい量。分かってますね、人の胃袋。すきやき以外にお刺身や前菜、ごはん、お味噌汁、デザートもつきましたよ。お腹大満足です。

夕食が終ると、お酒飲めないのに「アクアバー」という景色のいいバーに行くのが好きです。四十分ほどの滞在で一杯だけ飲むのが粋だと思っておりまして、オリジナルノンアルコールカクテルを注文します。注文するものによっては、まあるい大きい氷があるでしょ、あれが入ってます。あれいいですよね、ずっと見ていたい氷ナンバーワンですよね……（笑）。

そしてお部屋に戻って、また温泉タイム。今度は、部屋の電気を消して真っ暗にして入るんです。とにかく空が目の前ですから、星がきれい。もう何百何千と見えます。ためいき出ます。涙が出ます。ゆっくり深呼吸して、いい気を体に入れ込みます。いい人になれます。そんな感じがします。ぐっすり眠れます。

翌朝のブレックファーストですよ。二日目は和食、三日目は洋食です。両方知っておかないと！　和食はもちろんおいしいんですが、景色を楽しみたいなら洋食がおすすめですね。「アクア ダイニング」で一枚ガラスの向こうの絶景を見ながら、焼き立てパン、卵料理、スチーム料理と選べます。どれを食べてもおいしいですが、一番のご馳走は景色と思っちゃうくらい、このレストランは最高です。ごちそうさまでした。

そろそろチェックアウトです。あと一時間あるから、また温泉に入ります。朝・昼・夜と景色が違いますから毎回新鮮。ふ〜、あ〜帰りたくない、次の予約を入れて帰りたいけどスケジュールがなかなか見えなくて、泣く泣く予約せずに帰ることに。頻繁に「じゃらん」見て、またすぐ予約入れていくぞー。

とにかく、心も身体も癒してくれる旅でした。ずっと変わらずに、これからも続けてくださいと、手を合わせたいホテルです。

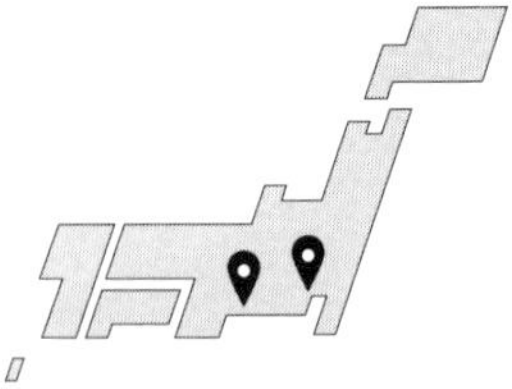

友近流「いい店うまい店」

東京、名古屋

今回はグルメをテーマに書いてみようかと思います。

昔から自分の嗅覚には自信がありまして、それは対・人であろうが対・物であろうが、ジャンル問わずであります。

そうして探したお店の常連になるきっかけは、店主が面白い、というのも私の中では大きいのですが、なんといっても、やっぱりお味ですよね。

まずは食べログサイトでお店を探すことが多いのですが、みなさんどのような基準でご覧になっていますか？　私は、点数が3・5以上の店は、とりあえず個別のページを開けて見ます。写真を見て口コミを見て、更に細かく一品一品チェックします。点数が高い分、投稿写真も多いので、見ていて楽しいし、自分の中で想像がふくらみます。そして実際に高評価の店に出向いて、おすすめ品を食べてみる。やっぱりうまい！　という感想は当たり前、ただやはり味覚は人それぞれなので、実際行ってみて、え？　と首をかしげる事も少なくはないのです。それで、口コミや人づての評判は一旦スルーして、少しの情報だけで、自分なりのルールで店選びをすることにチャレンジするようになりました。

自己流「食べログ」の見方

その私のルールとは、食べログでまず店の外観を見る。そして食材そのものを活かした料理の写真があるか、出汁を使った料理があるかをチェック、さらに口コミが少ない、点数が低い、そこに絞って見ていきます。というか、口コミがほぼ書かれていない！というのが、実は私の中でのポイントかも。

まず店の外観写真を見ます。例えば、雑居ビルの中にあり、スナックかバーかマジックバーか？　と思わせるような重たい扉のあるお店。入るのに少し勇気がいりそうなお店です。そういう写真を見つけると、チェック！　お客さんが入りづらいだろうなとはわかっていても、路面店よりは賃料も安いし、とにかく味で勝負していたらお客さんは後からついてくるぞ！　という店主の信念がうかがえるからです（勝手に私が思っていることですが）。

次に口コミをチェック。十年もやっているのに口コミが三件ほど、これはいいですね。まず十年続いているのが、単純に素晴らしいです。なのに口コミが三件ということは、常連さんがついていて、美味しいのはもはや当たり前だからわざわざ書き込む必要もない、そして、SNSをする世代がメインの客ではなく、本当に美味しいものを求めてきている年配のグルメの方々が集う店なのでは、と想像できる。

加えて、数少ない料理の写真を見る。口コミも少ないので写真も四、五枚しか投稿されていません。そんな写真の真意は、お客さんが「他で見たことありますか、こーいう料理！」って、思わず自慢したくなるような一品をアップしている気がする。「本当に点数低い店がこんな美味しい料理出せますか？」と、少しケンカをふっかけているようにも感じる（笑）。あと細かく見るところは、野菜の素材だけで勝負している店は、出汁が絶対美味いはず！とか、カブや柚子を使っているとか。もちろんこれは好みになりますが、とにかくこれらを踏まえて見ていくと、なんとなく自分の中での名店が見えてきます。

セッションがイカしてる東京のお店

では、実際に私が訪れたお店で感動した、我ながら自分の嗅覚は間違いなかった、というお店を二軒、ご紹介したいと思います。

まずは東京の幡ヶ谷《はたや》にある「**酒とつまみ 水無月**」さん、京王新線幡ヶ谷駅から徒歩二分。狭い路地裏の雑居ビルの二階にあります。正直、ぶらぶら歩いていて、わーあのお店美味しそうじゃない？ 行ってみよ〜、となるような店ではない（すみません）。入るのに少し勇気がいるビルです。ただ店の前まで来ると、中が少し透けて見えて、田舎風和食屋さんみたいな暖簾《のれん》もかかっていて、思ったより入りやすくて安心させてくれる入口です。ガラガラと横にスライドして開けるドアで、これもホッとします。

私がこのお店に行くきっかけになった写真で見た料理は、鶏ささみの一夜干し、金柑と蓮根のサワークリーム和え、茹玉子の塩麹漬け、生カブにオリジナル味噌を添えたやつ、ポテトサラダの上にみょうが。他ではあまり見ないメニューと、素材を活かしたひと工夫料理が多いところにひかれました。

店内は、外観の雑居ビルの不穏さをすぐに解消してくれるあったかい雰囲気。テーブル席が一つにあとはL字のカウンターのみ、十五人ほどでいっぱいになるお店です。いつ行っても人がいっぱい、もうそれだけで、一度食べたらリピートしてしまう店なんだろうなあと想像できる。お酒が飲めない私は、すぐにがっつりメニューを頼みます。なんならご飯物も。メニューがとにかく豊富。少しご紹介すると、せせりとカブの葉のにんにく炒め、旬キャベツの回鍋肉、新生姜とベーコンのかき揚げ、あさりの卵の花、鶏のから揚げ、と毎回毎回、食材の組み合わせが楽しくワクワクさせてくれます。

あえて鶏のから揚げを挙げたのは、私、から揚げが大好きで、全国の美味しいお店に行っては鶏のから揚げを必ず注文するんです。で、この水無月さんのから揚げ、から揚げにもいろいろ系統はあるんですが、おそらく一位かも（いや、他のお店の方とのお付き合いもあるけど、そこは忖度《そんたく》なしで――俗ですね）。お酒に合うご飯に合う、どちらにも合うのはなかなか難しいと思いますが、とにかくジューシーで味もしっかりしていてたまらない。衣が沢山ついているタイプではなく、茶色くつやつやとしている、表面つるつるのタイプのから揚げです。あー書いてたらまた食べたくなってきた。

とにかく発想が素晴らしいんですよね。食材の組み合わせ、セッションですよね。音楽もコントも、やはり人とタッグ組むと、味が変わっていきます。私もユニットコントや「水谷千重子キーポンシャイニング歌謡祭」をするときは、この方と一緒にやればこんなステキな歌が歌えそうとか、この芸人とセッションしたら絶対面白いものができる!! ということを、実際にやる前にどれくらいイメージできるかってことが大事だし、嗅覚持ってないとできないものですからね。

こちらのお店のサイトを見てすぐに、セッションがイカしてるなぁ、店主の方を見てみたいなぁと思いました。実際に店主にお会いしてみたら、いい方。なにがいいって、こんなセッションしてるのにほぼ無口。でもいやな思いにはさせない無口。ひたすら料理を作られている。でも周りの動きを見るアンテナは張っている。店主が前に出て来すぎてこだわりを語りだすと、残念、もう来たくないな、と正直思ったりしますが、この方は違います。むしろ、こちらからインタビューしたくなるくらい、秘めたセンス、パワーをもってらっしゃる方です。どれを食べても美味しいし、雑炊は、ご飯入れる前にたくさん食材入れて鍋食べましたっけ？　というくらい、出汁の味に深みがあり美味い！　おにぎりも大き目で海苔が少しごはんにくっついている程度で、巻き方を自分で調整できる。お客さんファーストの方です。

一人で居酒屋さんに夕食を食べに行くのはなかなか勇気がいるとは思いますが、こちらのお店は、そんな遠慮よりも、美味しいものを食べたいという気持ちを優先したくなるお店なのです。とにかくおすすめ、友近点数4・0以上、いや、5・0です。

ちなみに食べログでの点数は3・16。美味しくないからじゃなくて、みんな店のリピーターになり、人には教えたくない、席数が少ないから、そして落ち着いた層の方ばかりだからあえて書き込む必要がないし、そんなことどーでもいい、っていうか、美味しかったらそれでいいじゃん、なのだ。あ〜でもここで、人に教えちゃったなあ。ご馳走様でした。

常連さんに愛される名古屋のお店

そしてもう一軒、名古屋の**「呑喰　さか井」**さん。こちらも一見さんは入りづらい雑居ビルの中にあります。スナックが並ぶ一角にある店で、重い扉、まさにスナック扉です。先に言います。こちらは、食べログ点数3・18です。もう点数は関係ないです。でもこの店をチェックしている私をほめてほしい！（笑）。

私の先ほどのルールで写真を見ていきます。まず目にとまったのが、里芋を半分に切って何かにつけて食べるというやつ、素材活かしですね。百合根を、なんか洋風に炒めています。そしてびっくりしたのが鴨のコンフィ、ひな鳥のロースト、パテ！

和食屋さんだと思ったのにフレンチか？　これは行ってみるしかない、と思って実際に行ってみると、カウンターと四名ほどが座れる小上がりがあるだけ。店主は六十代くらいのダンディーな方、客層はこれまた、五十代くらいの方々ばかり。さらにメニューがすごい。和洋中、フレンチ、なんでもありなのだ、こんな店は見たことない、この雰囲気の店で！　コンフィとローストはじっくり調理するため時間がかかります、と告げてくれ、これは頼むしかない。それを待つ間、とにかく大将のセッション料理をたらふくいただく。豚バラなのに豚バラに見えないビジュアルの洋風煮込み料理、キッシュが出てきたと思いきや、あなごの煮たおいしいやつ！　お野菜のおひたし系もたくさん、どれをとっても抜群に美味しい、松重豊さんになってます（笑）。

そうこうしているとひな鳥のローストが出てきました。大将の顔ぐらいの大きさのロースト肉、外はパリパリ中はジューシー、もう旨みの塊、ナイフとフォークでいただく。この店を選んだ私のことを、みんなが尊敬してくれた瞬間でした（笑）。

大将に、なんでこんなにジャンル問わず作ってるのですかと訊ねると、もともとはフレンチシェフだったらしく、少し体をこわして今はこぢんまりとこの雑居ビルでやってるんです、とのこと。そして友近さん、なんでうちの店知ったんですか、まったく情報出てないのに、と逆に質問されました。投稿が一つだけあってそれを頼りに来てみたんです、と言うと、びっくりされてました。温かい空気に包まれて常連さんに愛されるお店、私の中では5・0！

みなさんも自分の嗅覚で一日グルメ旅してみて下さい。面白い発見があるはずです。

（今回は写真がなくてごめんなさい！）

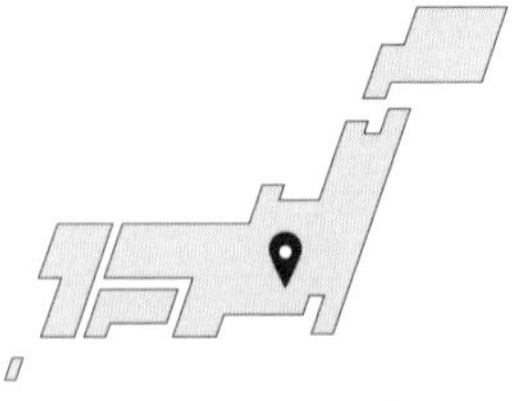

富士山が見える快適グランピング

山梨・富士忍野
「グランドーム富士忍野」

「ナイト・バー」では飲み放題

意外とアウトドア派の私は、前回に引き続き、グランピングスポットを紹介したいと思います。

アウトドアといえば、山派海派と分かれますが、私はどっち派も派！（それもありなのね。笑）。

ちなみに聖子ちゃん派か明菜ちゃん派かといえば明菜ちゃん、マッチ派かトシちゃん派かといえばマッチ（トシちゃんごめんなさい、マメ情報として、田原のトシちゃんと水谷千重子はデュエットソング出してます。笑）。そして眞野あずさ派か真野響子派かといえば眞野あずさ（「はぐれ刑事」が好きだったから）。ちなみに、名字はあずささんの方は「マノ」、響子さんの方は「マヤ」と読ませるんですよ！　知ってました？　あと、響子さんの旦那さんは柴俊夫さん。もういいって！　余談が長い！

話を戻して、そう、私は海も山も両方好きなんで迷っちゃうんですが、今回は山も川も美しい、山梨県は富士忍野《おしの》のグランピングをご紹介します。山梨県で山といえば、もうあれしかありません、日本一の山、富士山です。

Wフジを眺めながらビール

今回うかがった「グランドーム富士忍野」は、二〇二二年四月にオープンしたばかりで、まあ新しくてキレイ！　なんといってもおススメなのは、温泉がついてるんですよ、しかも各部屋に！　お部屋のタイプはドーム型、テント型、そしてヴィラ型と三種類から選べました、今回私が宿泊したのは、部屋の半分は外がクリアに見えるドーム型のテントでした。丸くかたどられたテントが可愛らしく、天井も高いので、開放感たっぷり。ベッドも四台あり、ソファやローテーブルが置かれたスペースも広々と使えます。もちろんエアコンも完備されていて快適に過ごせます。

そしてすぐ隣に食事スペースが設けられていて（独立式）、雨で外でのバーベキューが出来ない時や、寒過ぎたり暑過ぎたりする時は、こちらの食事スペースでお食事がとれるようになっています。で、広々としたデッキにはバーベキューが出来る設備があり、焚火をするスペースもあります。すぐ横に川が流れていて、川のせせらぎを聴きながら風を感じながら、のんびり過ごすことができます。

そしてなんといっても一番の目玉は、各テント・ヴィラから富士山を眺めることが出来るということ。各部屋によって見え方は違いますが、山側に一番近いヴィラに泊まるともう、ドーンと、間近に富士山を見ることが出来ます。思っていたより近いですよ、富士山が！　私の泊まったテントは、デッキからは富士山のてっぺんが見えるくらいでしたが、外に出ると、立派な富士山がすぐ目の前に見えるので感動です。デッキに戻ると、その富士山のてっぺんと、川側には藤の花も見えるんです！　Wフジです！　っていうとやっぱりWアサノが出てきますよね。……余談ばかりになるので、Wフジに戻ります！　だっしょ？（笑）。

そのWフジを眺めながら、まだ明るいうちにビールをク〜っといくわけです。私はシャンディガフですが（笑）、たまんないですよ。ちょっとずつおつまみを口にしながら（家から持ってきたサラミ、チーズの中にかずのこの入った「カズチー」、おかき、ｅｔｃ.）、エンジンがかかってきます。少し気持ちよくなってきたら、お待ちかねのＢＢＱタイムです。食材はすべて用意されてありますからラクチン！　しかもアヒージョやスープなどは、最新式のバーベキューコンロであったためるだけ！　お肉はでかい肉二枚を、自分たちで焼いていきます。こちらのいい所は、用意はしてくれて料理は自分たちでやるので、全部まかせたい人、全部自分たちでやりたい人のちょうど真ん中をとったスタイルなのです。

かなりのボリュームありますよ。肉や魚、お野菜、バランスよく食べられます。あとワインやビール、ジュースが飲み放題のキッチンカーが、グランピング施設の真ん中に設置されており、お酒好きな人にはたまらないサービスです。しゃべって、食べて、飲んで、Wフジを見て、夜が深まると焚火です。あったかいのよね〜火って、いろんな意味で……。ボーッと見ちゃいますね。

温泉でアウトドアお風呂問題も解決

夜の九時には火を消さなくてはいけないので、消えゆく火を見ながら焚火にサヨナラしたあとは、夜空を見上げると満天の星ですよ……。なんて数の星があるのよ〜ってくらい、肉眼でガンガン見えます。自然ってえーな、と思わず言葉が出ちゃいました。そうしているうちに少し体が冷えてきましたので、お部屋に付いている温泉に入ります。グランピングに温泉が付いている所は、全国でもまだ珍しいんです。キャンプなどアウトドアは、お風呂問題が一番大きかったので、それらをすべて解決してくれる場所なんです。

温泉の窓を開けると半露天風呂にもなりますが、夜は虫が入ってくるかもなんで、朝風呂で開放するのがおすすめです。とにかくいい風が入ってきて最高に気持ちいいです。

夜は、お風呂からあがると、ドームテントに入ってリラックスタイムです。ただただ星を見たり、しゃべったり、ストレッチしたり、時にはイントロクイズしたり。イントロクイズ、私好きなんですよ（笑）。音楽をかけてやるイントロクイズではなく、口でイントロやるんです。口のイントロが上手い人は、すぐ当てられたりもしますが、ヘタな人はヘタなりに、それが面白過ぎて誰も当てられないイントロクイズになります。当てることすら出来ませんから、また爆笑しちゃうんです。そんなことしてたら、すっかり十二時過ぎちゃいました、就寝タイムです。ベッドの寝心地も良く、翌朝七時に目が覚めました。鳥のさえずり、川のせせらぎ、太陽の光で体が喜んでいます。

朝食はベーグルとマッシュポテト、豚肉やサーモンとスパイシーな味付けの何か、それらを自分でベーグルにはさんで焼いていきます。あとサラダ、ヨーグルトに牛乳と、これまた体に優しいモーニングをいただくことができました。朝の富士山の見え方がまた、昨日と違って少し雲がかかった感じの、絵に描きたくなるような（普段絵は描きませんが）富士山でした。

チェックアウトは少し早めの十時です。それでも七時からゆっくり時間を過ごして、朝風呂にも入って、デッキでぼーっとしてちょうどいいぐらいの時間です。帰る時は、来た時と同じくらいになるように、きれいにお皿も洗ってざっと掃除して、スッキリして部屋を出ました。それをすることによって、自分の心もスッキリするんですよね。これはホテルや旅館に泊まった時も同じで、めちゃくちゃ急いでる時は出来ないこともあるんですが、来た時よりも美しくじゃないけれど、それを心がけています。ただ、旅館のふとんはそのままの方がいいと、旅館サイトなどで見るので、たたまないようにしています。

帰りはまたまた富士山を眺めながら、ドライブして道の駅に寄って、沢山のお野菜を買って帰りました。安いし、シャキシャキで美味しいんですよね。家に帰って、早速ヤングコーンとアスパラ、キャベツでパスタを作りました！

やっぱり旅は最高です。次は、海外に、グランピング施設建てようかな！　建てる!?　経営!?　てか海外には沢山あるんですかね？　まだそんなにないのなら、絶対流行りますよね？　しかも温泉付き、プール付きとなりゃー、大人気になるでしょうね。よし！　ちょっと提案しよ！　どこに！（笑）。

美味しくて楽しい下町をぶらり

大阪・西成

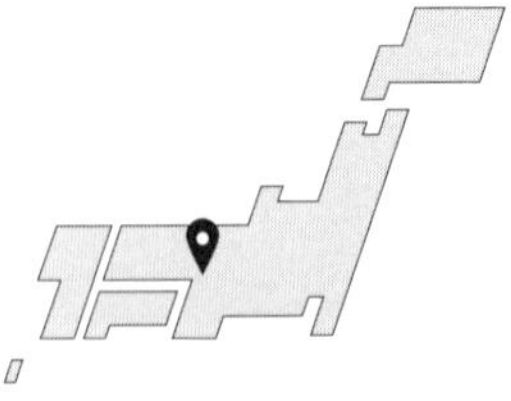

今回はグルメ旅・関西編をお送りしたいと思います。映画の撮影で、大阪の西成《にしなり》地区に長期滞在しておりました（今この原稿を書いてる時も滞在中）。西成と聞くと正直、治安が悪いとか、少しネガティヴにとらえる方もいらっしゃるんじゃないかと思います。ごめんなさい、私もその一人でした。

しかし今回の長期滞在で、西成のイメージがガラッと変わりました。

と言いながらも、昔から私は大阪の下町は大好きで、若手芸人の頃は大阪のシンボル、新世界の通天閣でアルバイトをしていたほどです。なので慣れ親しんだ下町ではあったのですが、グルメのアンテナはそこまで立てていなかったんです。

これが噂の「新富士本店」ポークチャップ

玉出の町をブラブラ

私が滞在しているのは、西成の玉出《たまで》という町のホテル。南海電車でいうと岸里玉出駅、地下鉄でいうと四つ橋線の玉出駅、そして大好きな路面電車（チンチン電車）でいうと阪堺電車の東玉出停留場です。

ちなみにホテルは商店街の中にある、「バンデホテル大阪」という、お値段がお安いのにとっても綺麗なホテルです。オアシス的な外観のホテルが現れると、ホッとします。朝食はお泊りの方全員無料で、パンとスープとドリンクは食べ放題飲み放題です。映画スタッフさん側がとってくださったので、自分で払ってはいませんが、確か、一泊のお値段は四五〇〇円くらいでした（ちなみに二〇二四年九月現在、ホテルのHPでは六三〇〇円になっていました）。本当にびっくりするほど、このお値段でこのクオリティー！　って感じです。オススメです。

で、長期滞在ですから、周辺をブラブラするわけですよ。とにかく、ブラブラ行ったり来たりするのが大好きな私にとっては、最適な時間と場所が与えられたわけです。

大阪の下町がもともと好きな理由は、少し治安が悪いと言われているのは分かっているもののの（全国どこにだって治安が悪いところはありますよ）、出会う人々がとにかく愉快なんですよ。今までも沢山の方に出会いましたが、印象に残っているのは、作業着の上に柔道着を羽織《はお》ったおっちゃんが、「友近ちゃん！　オレの吞みっぷりを見てくれ」と、チューハイを片手に勢いよく、「これからの日本はわしが支えていくぞー」と言いながらグビ〜っといくんですが、口にうまく入らず全部こぼれるんですよ（笑）。本人は大満足の表情！　たまりませんね〜、見ているだけで幸せな気分になりました。こういう出会いを求めて、下町にたびたび行っちゃうんです。

知る人ぞ知る名店

で、そんな楽しい愉快なおっちゃんに出会えるかなと思ってブラブラ歩きをするんですが、今回発見したのは、グルメ！　実は玉出周辺は名店ばかりだったんです。通天閣とはまた違って、どちらかと言えば住宅地の多い玉出地区。大好きな路地裏も数多くあります。スマホのグーグルマップを使いこなせるようになってから、一人で、少し遠くても目的地に行けるようになったんです。歩いていると、良さげな純喫茶がたくさんあります。厚切りトーストとゆで卵とコーヒーで四五〇円、なんだか懐かしい値段。値段が懐かしいっていいですよね。このように、立ち寄りたいスポットが山のようにあるんですよ。

まず私が発見できて嬉しかったのが、外観が蕎麦屋さんのような和の造りで、暖簾をくぐるタイプのお店。看板にはとんかつ・洋食と書かれています。看板メニューに、ポークチャップという文字が。ふだんポークチャップなんて注文したことない！　聞いたことはあるけれど、やっぱり王道のとんかつや、ハンバーグ、エビフライに普通は行ってしまう。ポークチャップか……正直、ポークチャップと聞いてすぐにビジュアルが浮かばない。なんとなく分かるが、ぐらいの認識。そこで店の前で食べログを少しチェックすると、なんと「百名店2022」に選ばれた、知る人ぞ知る名店でした。あっ、前にも言いましたが、私は食べログの高点数を見て店に行くタイプの人間じゃありませんからあしからず（笑）。こんな出会いあるんだ！　と感動していざ店内に！

縦に長い店内、いい感じのカウンター五席ほどとテーブル席が二つと奥に個室の座敷が二部屋あります。私はカウンター席に。時間的に閉店間際の十八時過ぎだったので、すんなり入れました。店長さん曰く、ランチ時は人が多いですが夕方のこの時間は閑古鳥《かんこどり》が三羽鳴いてます！　とウェルカムジョークで迎え入れてくれました。

早速外の看板に書いてあったポークチャップを注文、待つこと六分ほど、ボリューム満点の豚肉の料理が出てきました。鉄板ナポリタンの鉄板の大きさくらいの肉が、九切れほどにカットされてドカーンと。サラダとロースハムが添えてあり、とにかくケチャップと、あとは何で味付けしてるかは分かりませんが、ビジュアルは1000点でした。スライスレモンと辛子も添えてあり、いろんな楽しみ方が出来そうです。

それでは、いただきます。く〜〜〜想像していたよりも一億倍美味しい！　ケチャップときくと酸味が勝ちそうなのですが、こちら、あっ、お店の名前をまだ言っていなかった、「新富士本店」さんは、コクとうま味と酸味のバランスが絶妙で、これは食べ終わりたくないぞ、ずっとこの美味しさを味わっていたいぞ！　と思うほどでした。ライスと交互に食べるともう、ワンパクでもいい、たくましく育って‼　ですよ。胃が元気でよかったーと思いました。ほんとにドハマリしました。お値段は一六〇〇円、このボリュームと味なら、場所が場所なら三五〇〇円はとりますよ。大大満足！　ごちそうさまでした。

お店を出る時に、次に来る時、何を注文したらいいかな〜とお店のママさんに訊いたら、「Aセットがいいよ」と教えてくれました。次はAセットだなと心に決めて店を後にしました。しかしよくこのお店見つけたなあ〜と、改めて自分の嗅覚をほめてあげたいですわ！

前々から行きたかったお店

そして店を出てまたウロウロしていると、なんだか提灯《ちょうちん》が沢山見えるアジアチックなお店を見つけました。赤、黄、緑、紫と色とりどりの提灯の灯りがステキに照らす店、見てみるとベトナム料理と書いてある。なんだか本格的な感じのベトナム料理店。お腹いっぱいの状態でなかったら絶対に入ってたんですが、今回は見送りにするか（松重さんみたい）。ネットで調べるとかなりの人気店で、写真で見たメニューも美味しそう！　絶対に行きます、西成滞在中に！　約束！　誰に？（笑）。

もう一軒、実は前々から行きたかったお店がありまして、それが堺市にある**「銀シャリ屋ゲコ亭」**さん。堺市は大阪市内からは少し遠い印象があったので、お仕事で大阪に来てもなかなか行く時間がなく、一度もうかがえてなかったんです。何が売りかって、米がうまい！　飯炊き仙人と呼ばれる男性が炊いた銀シャリが本当に絶品、と評判なんです。こちらに行くにも、玉出からはアクセスがよかったんです。

ブラブラ歩いているとチンチン電車を発見、「あれ？　もしかしてこれ阪堺電車かな？」。ゲコ亭さんは事前に調べて、阪堺電車の寺地町停留場から歩いてすぐというのを記憶していたので、もしやと思いスマホで調べると、東玉出停留場からチンチン電車に乗ってゲコ亭に行けるじゃないですか！　感動〜！　やっと出会える。すぐさま次に来た電車に乗ってゲコ亭に行くことに。朝八時です。朝ごはんを電車に乗って食べに行くってワクワクするわ〜、と一人ではしゃいでおりました。時間でいうと三十分くらい乗りました。電車が好きな私は外の景色を見ながら、チンチン電車特有の車輪の音を聞きながら、あっという間の三十分でした。

寺地町に到着、ここから歩いて五分ほどです。見えてきましたよ〜。店構えはなんと言えばいいのかな、平屋の工場のような感じで、出入口は木の横開きドアで暖簾がかかっています。なんとも味のあるお店。中に入るとすでにお客さんが沢山、七つほどテーブル席があり、四人がけかな？　みなさんほぼ相席で食べている感じです。お料理は大きなガラス扉の冷蔵庫の中から、刺身、冷や奴、酢の物、と自分で取っていくスタイルで、ついつい取り過ぎちゃうアレです。次に大きなシルバーの台におでん、煮魚、焼き魚、肉じゃが、フライ、など など、ずらーっと三十種類くらいのおかずが並んでいます。

玉子焼はアツアツを焼いて、テーブルまで持ってきてくれます。汁物は、豚汁とお味噌汁から選べます。最後はお待ちかねのお米、銀シャリです。お店を見渡すと、その飯炊き仙人と呼ばれている男性が見当たらない。あまりキョロキョロするのもな、と思い、元気のいいお母さまたちに誘導されるがまま、お茶碗山盛りの銀シャリをお盆に載せてもらって席に案内されました。米は確かに輝いている。まさに、キーポンシャイニングだ！

改めて私が取ったメニューはと言いますと、まぐろの刺身、ぶりの照り焼き、しらす大根、玉子焼、豚汁と銀シャリ（大）です。いただきま〜す。汁物からして、あ〜落ち着く美味しさ、やっぱり豚汁だな〜と。そして米にいきます。うまい！　あれ？　す〜っと入るぞ、うまい米はす〜っと入るのがわかりますよね。ぶりいく玉子焼いく米いくまぐろ米しらす大根米豚汁米米ぶり米……いいループループ、ピップマグネループ！　十五年ほど前コマーシャルやらせてもらってたな、またお願いします（笑）。それはおいといて！　いや〜この米、仙人は見つけられなかったけど、継承されてますね！　うまい、こんな大盛無理やで！　と思ってましたがペロリだったんですよ。一粒残さずいただきました。ごちそうさまでした。なんて幸せな朝だ！　西成玉出に滞在していなかったら、未だにゲコ亭には行けてなかったですからね。アクセスの良さにもびっくり。

滞在しなきゃ分からない

実はこの原稿を書く少し前に、近所の「新富士本店」さんにまた行ってきたんです。今度は一人ではなく四人で！　ママさんがAセットにしてね〜と言ってくれたのが忘れられなくて再訪問。四人ですよ、言っときます、四人でこの量頼みました。Aセット（大エビフライ、とんかつ、ハンバーグ）、ライス、みそ汁、単品のとんかつ、ハモフライ、A5ランク牛網焼き、ポークチャップ、オムライス、スパゲッティインディアン、エビフライ、ちょっと注文しすぎちゃうかな……でも美味しいから食べちゃうんですよ。さすがにランチでこれだけ食べたらもう夜ご飯はいらないですよ……一年分の「新富士本店」たらふく堪能できました。映画の撮影が終るとなかなか来られないかもしれないので、たっぷりいただきました。ごちそうさまでした。

歩いてみて分かった西成の名店、他にもうどん屋、お好み焼き、ラーメンと、食べログの「百名店2022」がずらり。公園も沢山あり、懐かしい店から隠れ家的な店まで揃っています。

治安が悪いという言葉で片付けられる地域って、実際行ってみると、ステキなところが沢山あって人もあったかいし、アクセスもいいし、ホテルも安くてキレイだし、滞在してみなきゃ分からないことばかりですよ。この町が好きになりました。撮影が終っても、また西成巡りしたいと思います！

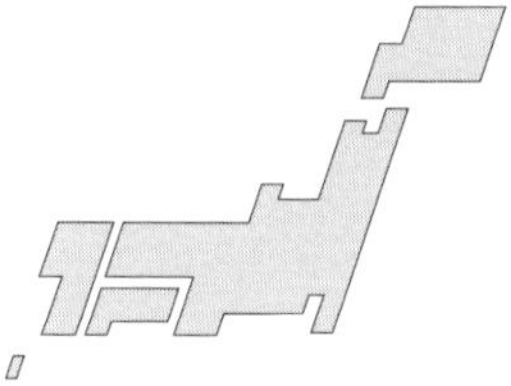

仕事が旅、旅が仕事の日々です

福岡でピザ列車を視察する西尾一男

旅がしたいからその地方での仕事を入れる、あるいは地方で仕事が入ったら、せっかくだから前乗りするか後泊してその地を楽しむ。それが私の仕事のスタイルになりつつあります。昔から旅行が好きな私は、一人であろうと大勢であろうと、自分の住んでいる土地から離れて、いつもとは違う風景を見たり違う匂いをかいだりするのが好きでした。

駅から出て、目に入って来るマンションや団地を見て、そこで暮らしている人のことを勝手に想像しては、人様の人生を羨ましがったり、逆に苦労してきたんだろうなと同情したり、妄想が尽きないわけです。別に観光地に行くわけでもなく、ただ住宅街をうろうろするだけで、ワクワクゾクゾクするんです。分かります？　この感覚。

昔の建築工法で建てられている家々を見ながら、リフォームはもうしないのかな？　それとも中はリノベーションしてるのかな？　タイルが古いなぁ、門扉が土曜ワイド劇場に出てきそうな一九七〇年代の洋館のようだなぁ、とか……ちょっと怪しい人に思われてもおかしくないくらい、人の家をチラチラ見ながら（ばれないように、です）歩いています。奥で子供の声がしたら、一九八五年にヒットした島津ゆたかさんの「ホテル」を思い出し、「あなたは庭の芝をかっていた　奥で子供の声がした」という歌詞の、当時のわかりやすい不倫の歌を口ずさんでみたり。きっと普通の幸せな家庭なのによ！

網戸を通して部屋の中から高校野球の中継の音声が聞こえたら、必ず中を覗いちゃいます。チラッとですよ、ジロジロはデリカシーなさ過ぎますし、マナー的によくないですから。そうすると必ず、ランニング一枚とトランクスのお父さんが、片肘立ててテレビで甲子園を見ているのがうかがえます。クーラーはつけない主義、いいですね。昭和の日本の家庭って感じで懐かしい。ここからは想像ですが、おそらくテーブルの上には食品の上にかぶせる食卓カバー、あみあみの三角のやつが置いてあって、ハエがたからないようにしてるのかな。朝からビール飲んで、うちわであおぎながら甲子園を見て、地元の高校が負けたら近隣地区の高校を応援するのか、はたまた地元の高校を破った相手校に優勝を託して応援をするのか……。そして、人が来てもトランクスのまま玄関まで出て行って対応するんだろうなとか、想像、妄想がいそがしいですわ。

土地のスーパーに行く楽しみ

あとやっぱり、その土地のスーパーにしか売っていない品を見るのも楽しみの一つですね。仕事で地方にいる時は、夜ごはんは、地元産の物を提供してくれる美味しい和食の店に行きます。腹七分目くらいにして、帰りはスーパーに寄ります。

四国や沖縄に行くと必ず買うのが、カップラーメンの「**金ちゃんヌードル**」。徳島製粉さんのね！　アレ東京に売ってなくて。

あと長野に行くと、牛乳パンを買います。いろいろ種類はあるのですが、私が好きなのは、「**サンチ」さんの牛乳パン**です。白黒の牛柄の袋に入っていて、半月形で中のクリームがパンより厚くボリューム満点なのに、甘すぎないのでペロリなんです。

新潟に行くと必ず買うのが笹団子ですね。ご当地タレント兼実業家兼プロレスラーのスーパー・ササダンゴ・マシンさんが名前を拝借してつけるくらい、美味しいお団子です。しっかりした餅の中にしっとりこしあん、もしくはつぶあん。笹にくるまれているから笹の風味がついてたまらなく美味しい。もっちりというよりしっかりとした餅ってのが好きなんですよ。

長岡の花火が見たくて新潟の仕事を入れた私。公私混同なんていう人もいますが、花火が見たいから新潟に行く、笹団子食べたいから新潟での仕事を入れる、牛乳パン食べたいから長野に仕事で行く、しゃん鍋（鶏鍋）が食べたいから宮崎で営業する、福岡のピザ列車に乗りたいから西尾一男で案件をとりにいく！　すべて仕事につながり、その仕事を一生懸命楽しんで、また次の仕事につなげる。その地にお金を落として、名産品を、勝手にこのように宣伝する！　何が悪いか？　こんないいことずくめの仕事のやり方、ないですよね。

仕事も旅も全力で

理由はどうであれ、その土地で自分が楽しんで、皆さんにも喜んでもらえたらハッピーですよね。絶対に手を抜かず、全力でお仕事もするし、遊びもする！　これを全国で出来たら、毎日が仕事であり、毎日が旅行です。

とにかく旅っていろんな種類があると思うんですよね。ザ・観光名所めぐりの旅、ローカル道をただぶらぶら歩くだけの旅、仕事が旅、旅が仕事。すべて関わった方がハッピーになればそれでいい！

だから私は全力で、その土地での時間を大切にします。これからも旅芸人友近は、全国各地をめぐります。

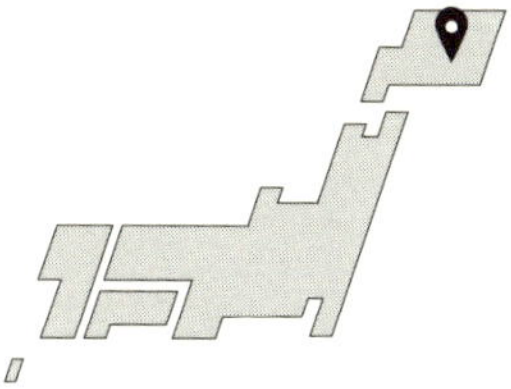

ディープタウンの魅力を再発見

北海道・帯広

北海道で番組をやらせてもらっていることもあり、実は月一で北海道に行っております。

道内百七十九市町村から選んだ、気になるスポットへ出向いて、これぞ「ザ・自由なロケ」をやらせていただいてます。

ふだん観光ではあまり行かない場所を中心に、まずは訪ねてみてからその町の魅力を見つけ出す、というコンセプトです。鹿追町《しかおいちょう》や上士《かみし》幌《ほろ》町、妹《も》背《せ》牛《うし》町などなど、みなさん読めますか？　とにかく広大な大地と農園、酪農が盛んな町が多いです。何かロケで、おいしいハプニング的な刺激があるか？　といったらはっきり言ってないのですが（笑）、その地に暮らす方々の人柄や取り組み、土地の名物に触れることができてとても勉強になります。

帯広の老舗ラーメン屋「らーめんみすゞ」

鹿追町に行った時、ある発見がありました。大通り沿いに素敵な家が建ち並んでいる住宅エリアがあります。歩いてみると、すべての家に、通りに面してガラスの小窓がついていて、あるお宅にはそこに一九七〇〜八〇年代のレコードが飾ってあるのです。別のお宅には昔懐かしいゲーム機がディスプレイされておりました。なんだなんだ！　と興味をそそられ、一軒一軒のお宅のインターフォンを鳴らして理由を伺おうと思ったんですが、急にテレビカメラと共に訪問してびっくりされてもダメなんで（こういうところ、ズケズケと行けないタイプ。笑）、ここは町長さんに訊いた方がいいかもしれないとピンっときまして、町長さんがいらっしゃる、町の観光案内所に向かいました。伺ったところ、これは町の取り組みで、三十軒ぐらいあるそのエリアのお宅と、月ごとに何かコンセプトを決めて、町を盛り上げています！　というお答えが返ってきました。なんて素敵な取り組み！

私がうかがった時は、みなさんで懐かしいものを小窓にディスプレイして、道行く人にも楽しんでもらって昭和を振り返りましょう、という月間でした。フランク永井さんやサイモン&ガーファンクルのLPレコード、はたまた昭和に流行したゲーム機やお人形など、昭和レトロ館に来たような、無料で見学できるノスタルジック街道でした。

モール温泉が大充実

このように、実際にそこに行かないと分からない、その町ならではの取り組みに感心しながら、上士幌町の回を挟んで、次は観光地としても知られる帯広に行きました。帯広は豚丼で有名ですが、私の好きなラーメン屋「**らーめんみすゞ**」さんがある町でもあります。少しピリ辛ですっきりしたスープ。麺はのど越しがよく、ペロッと食べちゃいます。好きすぎてコンサートがあるとみすゞ、ロケがあるとみすゞ、みすゞ目的でコンサート会場を帯広地区に決めてる感もあります（笑）。

そして帯広には皆さんご存知の、お花の包装紙で有名な「**六花亭**」さんの本社がありますね。帯広本店では「マルセイバターサンド」や「雪やこんこ」など有名なお菓子をどっさり売っていて、喫茶室も二階にあり、常に大勢のお客さんで賑わっています。これも行ってみて知ったのですが、ポテトチップスも作られてるんですよ。あのお花の絵の可愛いパッケージで！　あと六花亭グッズも！　帯広はこれからも潤っていくだろうなと実感しましたね。

ただ帯広が北海道の中でも有名になったのは、人気スイーツがあるからだけではないのです！　とにかく温泉が沢山あるのです。帯広駅周辺のビジネスホテルはほとんどと言っていいくらい、温泉を引いてるんです。これは私にとって一番嬉しい情報。私の中では、「ドーミーイン」や「スーパーホテル」は天然温泉があるホテルチェーンとして有名でしたが、どのホテルでも温泉を味わえるなんて最高！　しかも日帰り入浴ができる温泉施設が沢山あるのも嬉しい。

私が大いに気に入っているこのあたりのお湯は、植物性の有機物を多く含む「モール温泉」です。まだまだ知らない温泉がありました。知らなかったのが申し訳ない気持ちになるくらい、トロトロのいいお湯なんです。私がうかがったのは「オベリベリ温泉 水光園」さんでしたが、モール泉100パーセントのお風呂があって、卵の白身ほどのトロッと感があり、もうお湯から出たくない、でも誰かにこの湯の感触としっとりした肌をさわってもらいたいくらい、ワクワクするお湯なんです。茶色のお湯で、植物性の温泉なので体にもよく、とにかく温まるし、体が軽くなる感じです。

「オベリベリ温泉 水光園」さんは、内風呂はもちろんのこと、開放感抜群の露天風呂が二つあり、サウナ、ジェット風呂、寝湯、漢方やハーブの蒸し風呂、歩行風呂と、日帰り温泉のレベルを超えています。十一時に開店なんですが、十時四十五分くらいに行くと、すでに地元の方が並んでいて、人気の高さがうかがえます。とにかくゆっくり出来て、湯上りに行けるそば処も併設されており、ソフトクリームなどを売る休憩所も充実しております。近所にあれば、間違いなく毎日通う温泉ですね。川尻がいくつにも分かれている帯広川をアイヌ語で「オペレペレケプ」と言うそうで、それがなまってオベリベリ↓オビヒロと、帯広の語源になったそうです。

その他にもモール温泉を引いている施設はたくさんあるので、是非みなさん、チェックしてみてください。

昭和にタイムスリップ

温泉から出て、とにかく体が軽くなったので、少し帯広の町を散歩しておりましたら、昭和にタイムスリップしたような、昭和好きな方なら絶対に行きたくなる小路を見つけました。その名も「いなり小路」。懐かしいシャープのホーロー看板や、たばことフコク生命のセット看板などが壁にズラリ。そして所狭しと、スナック、小料理屋さんが並んでいます。写真映え間違いなしの小路。近くには「新世界小路」や「エイト街」という通りもあり、入って行くとトイレがおしゃれにリノベーションされていたり、今も安心してお客さんが入れるスペースになっています。

スナックの名前もいいです。「スナックすてき」、「ろくでなし」、なんのお店かは分からないけど「慎之介」とだけ書いてある店など、そそられるお店が沢山！　関係ないけど、私はまたその小路で花魁道中してまいりました！　好きね〜。

帯広って広大な大地で、シティ感覚的なものとは縁のない町だと勝手に思っていたのですが、温泉、グルメ、街並み、すべてのバランスがいい町なんです。これからもっともっと北海道の魅力を知ることになるロケ、沢山やってまいります。観光大使を目指してるわけではないですが、北海道に住んでる方でも百七十九市町村全部は知らないでしょうし、地元の方にも、外からの人間が、この町にこんな魅力があったのご存知でした？　と言えるように、しっかりと地元と触れ合って、読者の方々にも伝えていきたいと思っています（急にまじめ。笑）。

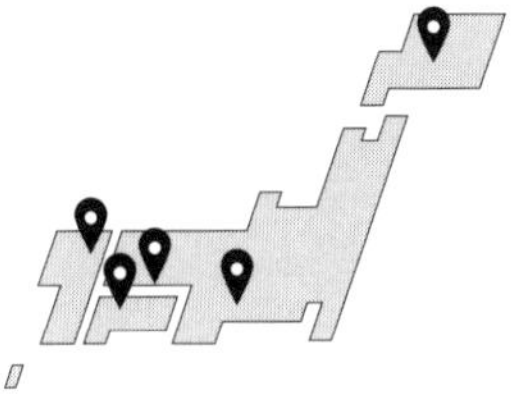

本当に美味しいお土産はこれだ！
愛媛、広島、名古屋、福岡、北海道

これぞ「むすびむさし」の若鶏むすび！

今回はちょっと趣向を変えて、旅先で必ず買うお土産を、ご紹介していきたいと思います。その地方に行ったつもりで読んで下さい（「行ったつもりで北海道」って歌う、「日清のラーメン屋さん」ってラーメンのCMあったな。松坂慶子さんが歌ってた）。

愛媛のお土産

まずはやはり、地元愛媛を紹介させてください。**「坊っちゃん団子」**は数多くのメーカーさんが出しているんですが、私のオススメは元祖坊っちゃん団子のお店、**「つぼや」**さんです。道後商店街の中に一軒しかないお店で、ここに行かないと手に入らない味（最近は通販も有）。しっとりした甘過ぎない上品な餡、求肥餅を抹茶、白、小豆の餡で包んで串刺しにした、見た目もきれいな団子。明治十六年創業の、夏目漱石の小説「坊っちゃん」に登場する団子屋のモデルになったのがこちらなんです。是非一度食べていただきたい。愛媛の和菓子のレベルの高さを分かっていただけると思います。

そして続いては、最近ハマりはじめたベーグル屋「Happy Bagel 自家製酵母ぱん Megumi」さんです。三年ほど前に、一度人から頂いて食べたらびっくりするくらい美味しく、見た目のインパクトも楽しく、見てるだけでハッピーになるベーグルなんです。私が好きなのは竹炭ベーコンチーズ！　見た目真っ黒のベーグル。岩塩、ローズマリー、オリーブオイルをかけ、イタリアン風に焼き上げてあって、中にベーコンとチーズがごろっと入ってます。もっちりほどよい弾力がたまらない。「ベーグルは固い！」というイメージをお持ちの方、是非食べてみてほしいです。

お店は古民家でオシャレな空間、週に二日しかオープンしていない超レアなお店です。基本毎週火曜、土曜のみ、朝十一時から十六時までオープンしています。なかなかお店に来られない人のために、お土産で一人で百個ぐらい購入する人もいるんだとか！　ちなみに私は以前、一時間並んで三十個買いました。あっそうそう、開店十一時なんで九時くらいからみんな並び始めます。私が十時三十分くらいにお店に行ったらもう五十人くらい並んでました！　それくらい超人気のお店、何が嬉しいって、購入したその日のうちに冷凍すれば一カ月はもちますから、東京に戻ってから友達や知り合いに配ったりできます。ゆっくりじっくり時間をかけて、ティータイムやランチにいただいています。愛媛は西条《さいじょう》にあるハッピーベーグル、オススメです。

広島のお土産

お向かいの広島に行きましょう。広島は「もみじ饅頭」が有名で私も大好き！　味のバリエーションも豊富なんですが、今回私がオススメしたいのは弁当です！　超有名店ですが、**「むすびむさし」**さんです。シンプルなお弁当なんですが、クセになるんです。

一番好きな弁当は**「若鶏むすび」**、大きい若鶏のから揚げが三つ入っていて、全海苔巻きのおにぎりが二つ、ウインナー、枝豆、ザク切りキャベツ、カットみかんが入っています。むすびのむさしさんというくらいなので、何といってもおむすびが美味しい！　海苔や塩が美味しいのもあるんだと思いますが、お米がふんわりと包まれてる感じなんですよね、すぐスーッと胃に吸い込まれる感じ。ペロッと食べちゃうんです。で、お塩が弁当の中に入ってるんですが、これがうれしい。枝豆にかけたり、ザク切りキャベツにかけたり、から揚げにかけたり、自由に振りかけられるスタイル。私はこの弁当を四つ買って帰ります。まずは新幹線の中で食べます。夕方十六時ぐらい。あと二つは、東京のむさしファンのためのお土産にします。そして残りのひとつは、私が二つ目のむさしを食べます（笑）。ひとつ目を十六時に食べてても、二十二時くらいにはまた食べたくなるんです。まったく同じ弁当ですが、食べたくなるんですよ、これが不思議。広島に行かれたら是非買ってみて下さい。

名古屋のお土産

続いては名古屋です。名古屋は仕事で十五年通ってますから、地元の方より、もしかして詳しいかも！　そんなことはないか！　三つ紹介したいんですが、すべて和菓子です。

一つ目は「大口屋」さんの「あんぷさんきら」です。漢字で書くと「餡麩三喜羅」、う〜、これ一生書けないやつだわ。生麩とこし餡の絶妙な組み合わせで、もちっとしているのにしっとり、これまた口の中でとけていく感じ、美味しいものはすぐ口の中でとけていきますね。ずっとそこにおってほしいのに……。なんとも言えない味わいで、食べる姿勢まで品よくなります。口の中に入れるときも、ゆっくりと運びたくなる。表情だって穏やかに、目も少し優しいまなざしに。勝手にそうなっちゃう和菓子なんですよ。新幹線に乗る前に、必ず購入いたします。差し入れに持って行くのもいいですよ、喜ばれます。かなり人気の銘菓で、品切れになることも多いのでお早めに。こちらは生菓子なんで二日以内には食べないと駄目ですよ！
二つ目は**「むらさきや」**さんの**水羊羹**です。あの、書いていて思ったけれど、和菓子の漢字は難しいものばかりですね、羊羹の羹は誰一人書ける人いないんじゃないですか……。
こちらのようかん（ひらがなでいきます）は、のど越しが良くってまたすぐとけちゃうんですよ。原材料を調べると、小豆、砂糖、寒天、食塩のみというシンプルなものでした。職人の技とセンスでここまで美味しく仕上がるんでしょうね。竹の器に入った可愛いのもあります。夏にぴったりの水ようかん、こちらも一度食べてみて！
そして三つ目は**「芳光」**さんの**わらび餅**です。これは超有名で、わらび餅ファンのレジェンドもうなる美味しさだと思います。ぷるぷるどころの騒ぎじゃなくて、早くお口の中に入れてこの子を助けてあげないと〜ってくらい、もう腰がくだけた女性のような感じなんです。とにかく流れ落ちてくるような食感です。口に入れた瞬間、一つになれたね！　と言いたくなる感覚、分かりますか？（笑）。とにかく上品な、グランクラスのわらび餅です。

福岡のお土産

今度は福岡に行きましょう。有名な「博多通りもん」というお菓子があるんですが、それを作っている**「明月堂」**さんの**「博多玉露まんじゅう」**、食べたことありますか？　玉露の茶葉で作り上げた、濃厚な中に甘みがある、和菓子なのに洋菓子のような感覚のおまんじゅう。あのしっとりとした食感で玉露を味わえるなんて嬉しい話ですよ！　ぜひ一度どうぞ！

そしてもう一つは「伊都きんぐ」さんの「どらきんぐ生」、あまおう苺が一粒どんと入ったどら焼きです。あまおう苺はまわりに餡と苺クリームをまとっていて、それがモチモチした皮で包まれています。季節によって商品は変わりますが、十一月から五月まで販売している「どらきんぐ生」が一番お気に入りです。たっぷり過ぎるくらいのボリュームで、だから一個で満足感が得られます。超オススメです。

北海道のお土産

そしてラストは北海道です。三つあります。

一つ目は、「カズチー」です。カズノコとチーズのジョイントで、おつまみに最適です。おせち料理を食べてる感覚というか、プチプチしたカズノコの食感がたまらず、チーズとは最強の組み合わせなんだとびっくりしました。かなり人気で品薄になっているところが多いので、私は愛知県のセントレア空港でよく買います。北海道ちゃうんかい！（笑）。一回に十個は買いますわ、そのくらいハマりました。

そして二つ目は、北海道ラーメン、「オホーツクの塩ラーメン」です。後輩のガンバレルーヤがロケで北海道に行った時に買ってきてくれたラーメンで、食べてみてびっくり。これお店レベル！　という独り言の感想が出ちゃいましたからね。すきとおったスープは旨みとコクのあるキリッとした味、ちょっと他では出せないんじゃないかと思うスープでした。調べてみると昔、五年間だけ湧別町《ゆうべつちょう》・湧楽座にて営業されてたラーメン店「ゆうらく軒」さんの、幻の塩味を再現されているみたいです。全国いろんなラーメンありますが、こんな美味しいものが家で食べられるなんて、いい時代になりましたね〜。

そして最後は食べ物ではなく、ハッカのシリーズ。スースーするハッカオイルやハッカつまようじ、私の今一番のオススメは夏にぴったり、ハッカ油のウエットティッシュです。北海道北見産の天然ハッカ油を配合した、クールな使用感を与えてくれるウエットティッシュ。首の後ろをふくだけでスースーして涼しくなります。プラス香りが爽やかなので、リフレッシュにも。他にも大き目のボディシートや、おしぼりサイズのものなどバリエーションが豊富。お土産にも喜ばれます。いつも大量に買って帰ります。人から、「今一番欲しいもの何？」と聞かれたら「北海道のハッカのウエットティッシュ」と答えています。それくらいハマってます。夏の暑い日、みなさんぜひ使用してみてください。

以上、友近のオススメご当地商品でした。

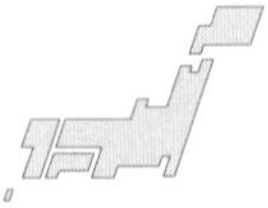

やっぱり最高なハワイ旅

ハワイ「トランプ・インターナショナル・ホテル・ワイキキ」

ワイキキビーチの夕暮れ

今回は、海外旅行の話をしようかな、と！
とは言っても、まったく海外通というわけではなく、何度か行ったハワイの話、させていただきます。ロケでお邪魔したりプライベートで遊びに行ったりで、これまでに計十三回訪れました！　親に連れて行ってもらったり、お給料もらえるようになってからは私が家族を連れて行ったり、仕事仲間やお友達と行ったり……どんな時も、いつ行っても最高の気分にしてくれる場所です。

ホテルが大事

私がハワイで一番重要視しているポイントは、やはりホテルです。ホテルでハワイの印象が決まってしまうと、私は思っています。一度、お仕事でホノルルに行かせていただいて、ワイキキビーチから筋一本入った、少し人通りの少ない所にあるホテルに泊まった時は、やはり気持ちが最大限には上がらなかったんですよね。ハワイのホテルは、「寝るだけだから」という感覚で選んじゃダメだなと思っちゃいました。お仕事で取ってもらってるから文句は言いませんでしたよ（笑）。

何が上がらなかったって、やはりハワイでのホテルの条件として第一は、窓から海が見えることです。出来たら遠くのビューではなく近くのビューで、しかも欲を言うとオーシャンフロントですね。となると、やはりホテル代はグンと高くなりますが、ワイキキビーチ沿いのホテルになりますわな！　で、部屋にベランダというかデッキというかテラスというかラナイというか（いろんな言い方あるからややこしい！）があるのが、最もテンションが上がりますね。日本では一人旅が好きなんですが、海外は恐いから（スリにあうから。笑）、グループでワイワイが好きです。で、グループで泊まれる部屋をいつも取るので、おのずとお高めの、六人泊まれる部屋っていうのを取るんです。3ベッドルーム！

これはちょっと奮発してますよ。でもこういう時くらいは贅沢しちゃえと思って。この本の中ではとっておきのお宿を紹介していますが、国内では普段、安くてきれいな「スーパーホテル」「ドーミーイン」を存分に利用させていただいていますから（笑）、**「トランプ・インターナショナル・ホテル・ワイキキ（現　カライ・ワイキキビーチ）」**の3ベッドルームってのが、テンション上がりまくりなんですよ！

お部屋のドアを開けたとたん、長い廊下があるんですが、その先の三方向に窓があってそこから海が広がっているわけですよ！　もう、ため息もんです！　部屋から出て行きたくないです。この部屋の中でずっと過ごしたい！　と、こうなるわけです。そうなるとホテルの部屋の中でお食事もとりたくなります。最大八人が泊まれる部屋なんで、リビングだけでも三十畳くらいあって、キッチン・リビング・ダイニングと、まさに住むホテルです。スーパーで食べたい食材を買い込んで調理してもよし、ルームサービスとってもよし、お店でテイクアウトしてもよし、もう予定を立ててるだけでもワクワクが止まりませんよ！　でも食べに行きたいお店も沢山チェックしてるし、悩むところなんです。すべてを食べ尽くそうとすると一日五食は必要になるんですよね。

あ、ちなみに私がハワイに行く時は、だいたい三泊なんです。短いでしょ。二泊の時もありました。最大で四泊です。仕事の都合でなかなか長期の休みがとりづらくて。余談ですが、この前、日本のとある空港内のバスに乗っていたら、横にいる五十代くらいのサラリーマンの方お二人が、「ハワイ行きたいですわ〜」「あっ実は来週行くんですよ」「まじっすか？

何泊ですか」「二週間です」「いいですわ～。僕なんて昔三泊で行ったことありますよ」「三泊ですか？　それは厳しいですね～」と会話しているのが聞こえてきました。「そっか三泊はやはり短いし厳しいのか」と思いつつ、でもその三泊をどれだけ有意義に過ごすかが大事だからな……と考えて、「私はあなた達より効率のいい生き方をしている人間なんだ！　三泊でも最高に楽しかったことを思い知らせてやりたい！」と、内心で勝手に宣戦布告しておりました（笑）。

一日五食

話を戻して、三泊で食べたいものを食べるためには、一日五食が必要です。実際に私がとった一日五食を紹介しますね。

まず朝は六時半に起きます。ホテルの朝食はあえて食べず、ビーチが真ん前にある別のホテルの朝食をいただきに行きます。それが七時ごろ。そこでお腹いっぱい食べると次の二食目が食べられないので、そこは景色が一番のご馳走という意味で、アサイー・ボウルだけを食べるのです。ペロッと食べちゃって、お腹の具合は腹四分目です。八時にそのホテルを出て、スパムおむすびのお店に向かいます。ここはテイクアウトです。八時二十分に部屋に戻り、二食目の朝食をテラスでいただきます（テラスという言い方を選んでみました。笑）。

スパムとＡＢＣストアで買ったお茶！　う～ん、いい二食目だ！　ここですっかりお腹は七分目です。一時間くらい部屋でまったりして、ワイキキのビーチに向かいます。泳ぐことまではせず、足を海につけてピチャピチャします。

そうこうしていると十一時になりました。ランチです。ランチは行きたい所があり過ぎなんで、慎重に、ですよ！　ガーリック・シュリンプも食べたい、アヒポキ（マグロの和え物）も食べたい、カジュアルステーキもハンバーガーもチキンも食べたい！　それらをすべて叶えてくれる店が、ワイキキからトロリーバスで行ける**「パイオニア・サルーン」**という、お弁当も作ってくれる、日本人好みの味のお店です。ここでガーリック・シュリンプをごはん抜きで頼んで、お弁当でモチコチキン（もち米の粉をまぶした鶏の唐揚げ）としそわかめごはん、それとアヒポキも単品で注文、一緒に行った人のステーキもいただく！　もう夢のようなお店です。ここでがっつり腹パンパンになるまで食べて、ランチは終了。ただ、時間がまだ十二時なんで、五時間もすればお腹空きますからね。ショッピングしてカフェ行ってスイーツ食べて（あ、スイーツ入れたら六食か？）、また海行ってぼーっとして、十七時ですよ！

さあここからですよ四食目、サンセットがとにかく美しい高級レストラン**「ミッシェルズ・アット・ザ・コロニー・サーフ」**に行きます。かなり前から予約を入れないと取れない店、いい席を取りましたよ！　十七時半くらいにサンセットが始まり、空がゆるやかにピンク色に変わり、次第に薄暗くなっていく様を、最高の席で見るんです。至福のひと時です。そしてお食事も素敵。ニューヨーク・ステーキにオマール海老、スープにエスカルゴにサーモン、どれを食べても美味しい。食べて食べて食べて、十九時半に終了です。あら、お腹いっぱいとなってはいるのですが、まだ十九時半ですよ。

お店からホテルまでは歩いて三十五分くらいかかりますが、食後のいい運動！　カロリー消費のため、大きく手を振って大股で歩きます。ホテルの手前にABCストアがあるので、そこで本日五食目のおつまみをたっぷり買い込むわけです。チーズにハム、サラミにナッツ、パスタ！　さっき夕食食べたのにパスタ！　そう、先ほどのミッシェルズではパンやパスタなどの炭水化物はあえて摂らなかったのです。食べたかったパスタ麺があったので！　パスタソースも瓶で売っていてトマトも美味しそうなものがある、そして何といってもチーズが種類豊富なんで、にんにくも買ってそれらを部屋のキッチンで調理して食べる！　これが本日の五食目なんです。少し太めの麺で、ゆでるのにけっこう時間がかかりましたね。その間ににんにくとトマトでソースを作り、チーズをソースに溶かして完成です。二十二時三十分に、本日五食目のお食事です。素敵な部屋のリビングでその日の最後のお食事をいただけるのが何より嬉しく、ワインやシャンパン、シャンディガフでにぎやかにやりましたよ！　アサイーに始まりスパムおむすびガーリック・シュリンプ、アヒポキステーキ高級レストランの肉・魚、最後のパスタ！　効率よく一日五食をいただけて、大満足できることが分かりました。

あのバスの中にいたサラリーマンに教えてあげたいな、「二週間いなくても一日で一週間分の食材食べましたよ」と。なんの自慢や！（笑）。

そろそろまたハワイ行きたいな〜。あっ、ハワイに一言、ハワイで目玉焼き頼んで「ハード（よく焼く）」って言うと、表と裏両面焼かれるではないですか、あれやめてほしいのよね〜。目玉焼きをひっくり返さずに少し水入れて蓋して焼いたら、黄身が目玉みたいに固まって型崩れもなくて済むのに（時間はかかるけど）。誰かハワイに教えてあげて〜。マハロ〜。

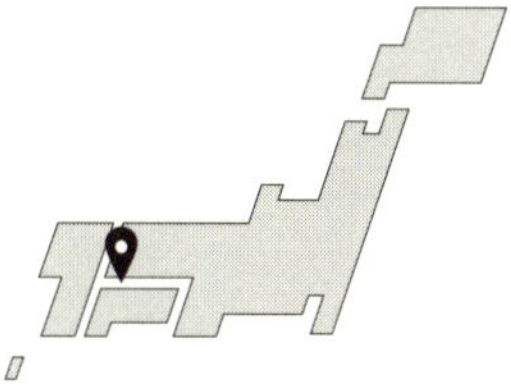

すべてを忘れてリセットできる島
愛媛・馬島「GLAMPROOKしまなみ」

洞窟探検ですわよ！

静かなところに行きたい、深呼吸がしたい、ボーッとしたい、そんな気持ちになること、みなさんあると思います。特にコロナ禍以降、そういう環境を求めている方、多いんじゃないでしょうか。今回はそんな時にお薦め中のお薦めの場所を、ご紹介したいと思います。

人口十数人の島

愛媛県今治《いまばり》市の市街地から、来島《くるしま》海峡第三大橋を車で十五分ほど渡ったところに、馬島《うましま》という小さな、なんと人口十数人という島があります。

この島、車で入れるのは島民だけで、基本、島の施設の方が対岸の今治港まで迎えに来て下さいます。その送迎車でこの島に乗り込むのもいいのですが（乗り込む？　けんかか？　笑）、おすすめは、今治港から出ている送迎船（プレジャーボート）。これに乗ると、アドベンチャー旅行の感動が味わえます。私は毎回その船に乗り、潮風を浴びながら、二十分ほどのクルージングを楽しみます。途中ガイドもして下さり、島周辺の歴史も教えて下さいます。遠くに馬島のホテルが見えてくると、ワクワクします。

島に到着すると徒歩三分ほどで、今回ご紹介するホテル＆グランピング施設「GLAMP《グラン》ROOK《ルーク》しまなみ」に着きます。外から自由に人が入って来られない、通行許可証が必要な島。特別感はハンパないです。周りは海、島民が守り続けた大自然が心と体を解放させてくれてリフレッシュできる最高の場所。ロケーションが来島海峡大橋（しまなみ海道）の下なので、橋の迫力と無限に広がる海の壮大さとを、合わせてご覧いただくことができます。

こちらの施設は、普通のホテルと、テントに泊まるグランピングの二つに分かれております。いつもサイトを見て、グランピングにするぞ～と思ってイメージを膨らませながら段取りを進めるのですが、一度ホテルの方に泊まってしまうと、部屋の広々とした開放感が忘れられなくて、結果いつもホテルの方をチョイスしてしまいます。

ホテルの部屋もいろいろなタイプに分かれていて、カップルや小さなお子様連れにぴったりの半露天風呂付きのツインタイプの部屋、よりゆとりのある、こちらも半露天風呂が付いている三名定員の部屋、二方向から海を眺望できる五名定員のジュニアスイートの部屋など。ジュニアスイートは四つのタイプがあり、私がおすすめしたいのが、ジュニアスイートタイプCという お部屋です。定員八名の、ワイドダブルベッドが四台置いてある贅沢なつくりの部屋で、家具もかわいらしく、白、緑、紺の三色使いでシンプルかつオシャレ、陽射しもよく入る明るい部屋なので心も弾みます。

多様な島体験

こちらのホテル、島体験もできます。スカイウォーク、洞窟探検、プライベートビーチでのワインサービスなどなど。もちろんすべて宿泊料金に含まれていますので、お財布を気にしなくて大丈夫！　洞窟探検と聞くと、やっぱり川口浩探検隊を思い出しますよね〜……（アラフィフ）。「川口浩が洞窟に入る〜」と歌いながら探検開始です。入り組んだ洞窟ではなく、岩の間をくぐり抜ける、お子さんでも何度も往ったり来たり出来るような洞窟です。もう、手を伸ばせば海にふれることが出来る立地です。すぐ横にあ

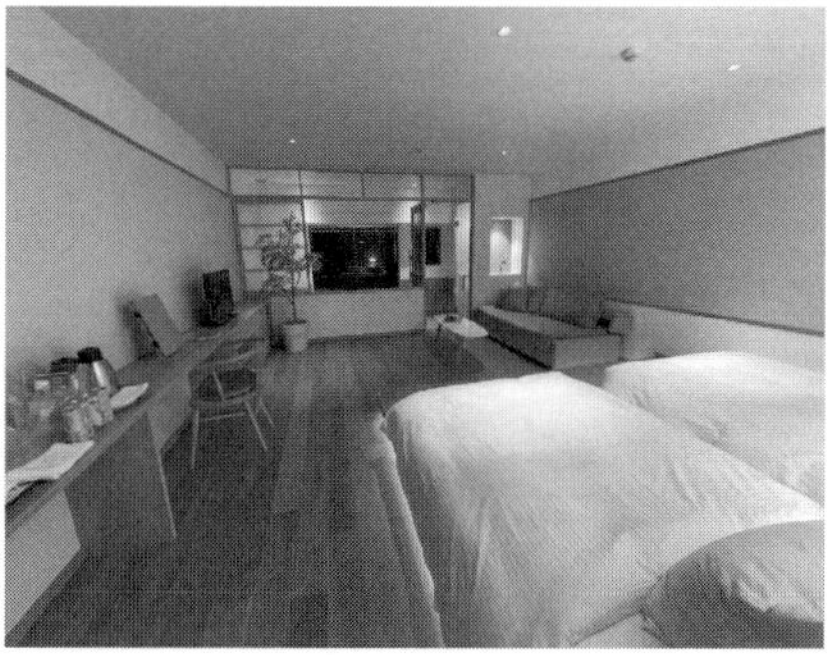

お部屋もひろびろ

る大海原を望むビーチでは、ホテル提供のワインを飲むこともできます。ビーチチェアも置いてあるので、体を伸ばしてボーッとできます。五時間、いや、十時間ここにいて、海や空を眺めていたいですよ。

スカイウォークは、島に上陸するためのエレベーターを利用して、来島海峡大橋までホテルスタッフさんが案内して下さいます。橋上では海面八十メートルの高さから瀬戸内海を眺められます。

そうだ、みなさん、しまなみ海道って歩けるのご存知でしたか？ 自転車でも走行出来たりと、他では考えられない体験がここでは出来ます。歩くのが大好きな方なら、愛媛の今治から広島の尾道まで徒歩で行ったって、これまた素敵ですよ、ただし十五時間はかかりますが（笑）。ダイエットをしている私は、景色を見ながら愛媛と広島の県境を歩いて渡れて、海と島が応援してくれるなら、歩けるような気がしてきました。かなりハードでしんどいとは思いますが、達成感はハンパではないでしょうね。

実は、年に一度、徒歩でも自転車でも参加できる「しまなみ縦走」というスタンプラリーもあるんです。みんな根性ありますよねー、すごい！

他にも、「サイクリングしまなみ」というサイクリングイベントが毎年開催されているんです。これには私も一度出場したことがあるんです、仕事でですが……。プライベートで参加したいと思っても、とにかく人気のあるイベントなんで、抽選なんですよ。まずは抽選にエントリーをしてからとなります。ですので、仕事で参加できてラッキーでした。島のポイントポイントで降りて、島の名産の美味しい食べ物やドリンクをいただくことが出来て、普段入ることのない島を知ることが出来て、島民の方々とふれあったり出来て、なんて心身共にいいことをしているんだろう、という気持ちにさせてくれます。

このサイクリングイベントでは、なんと普段は車しか通れない橋のど真ん中を、自転車で走行できるんです。自転車好きが世界から集まる理由がわかります。おそらく芸能人の方もたくさん来られていると思います。安田大サーカスの団長はもちろんでしょ、シャ乱Qのまことさんもでしょ、俳優の鶴見辰吾さんもでしょ、火野正平さんもでしょ、あっ、でも火野さんは、NHKの「にっぽん縦断 こころ旅」でお忙しいかな。

余談ですが、あの番組サイコーですよね。てか、火野正平さんの生き方がサイコーです。何十年も映画やドラマで名俳優として活躍されていて、女性スキャンダルもものともせず、火野正平ブランドが確立されてますよね。そして人生の折り返し地点で、ご自身の大好きな自転車で日本中をめぐることを始めるなんて、こんな生き方をしたい、とつくづく思います。仕事で自分のやりたいことをまっとうしたら、火野正平さんのように後半生は、自分の趣味や、チャレンジしたいものに集中して、生きていけたらサイコーです。あっ、火野正平さんの話ばかりになりましたが、そういえば上沼恵美子さんも、火野正平さんお会いしましたが素敵な方でしたーとおっしゃってましたもんねー。余談が止まりません（笑）。とにかく、大自然の中で開放的になって人生を振り返った時、昔たくさん苦労もしてきたから今こーやってご褒美がもらえるんだな〜、と思えるような人生にしたいですね。

自分のスタイルで過ごせる島

すみません、ホテルの話に戻ります。

お食事もこれまた美味しいのよ。海を眺望できるレストランでいただきます。地元の名産品を使った豪華なコース料理、瀬戸内海ですからお魚がとにかくおいしい。種類も豊富で、鯛は県魚なんでもちろんのこと、アコウやトラハゼ、ホゴなどなど、県外の方は聞きなじみのないお魚を食べることも出来ると思います。魚だけではなくお肉も出てきますよ。大満足です。朝はまた、陽射しが入ったこのレストランで、愛媛といえばみかんですから、いろんな品種のミカンジュースの飲み比べが出来ます。洋食、和食が選べます。連泊がおすすめですね。一日目はオムレツやソーセージが定番のブレックファースト、二日目はおひつに入った炊きたてごはんをシャケと玉子焼でいただく和定食。どちらも美味しい。

とにかく、島ではゆっくりと時間が流れていて、すべてを忘れさせてくれる、リセット出来る場所。アクティヴに島でサイクリングもよし、自分のスタイルでのんびり過ごすもよし。馬島の時間を、みなさまも一度味わってみてはいかがでしょうか。

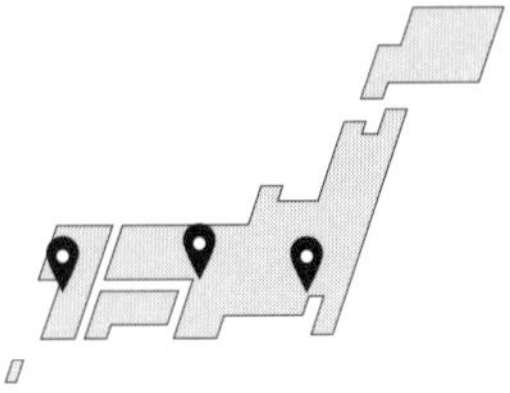

今熱い！全国おすすめ公園ベスト３
大阪、熊本、東京

江津湖の風景

昔から、公園に行くのが好きなんですよね。でも、まだまだ知らない素敵な公園が全国にあると思うので、ぜひ皆様からも教えて頂きたい、今日この頃でございます。今回は私が好きな公園をいくつかご紹介いたします。

大阪・堺「大仙公園」

まずは、関西の人なら知らない方はいないんじゃないでしょうか？　大阪は堺市にある**「大仙《だいせん》公園」**です。世界最大級の墳墓《ふんぼ》、仁徳天皇陵《にんとくてんのうりょう》古墳に隣接する公園で、整備されている範囲だけでも、広さなんと三十八万平米！　ピンと来ますか？　数字だけだと私もピンと来ないです。実際に行ったことがあるから何となく広いと分かってるだけで……。

町中の公園は、滑り台やジャングルジム、ブランコなど、子供たちが遊べる遊具が置いてあるのが普通ですが、私が公園に求めるものは、ズバリ広さ、開放感がある、そして池がある湖がある、つまり緑と水が融合した場所なんです。では実際に何をしに公園に行くかと申しますと、人を観察する、ネタを作る、深呼吸する、妄想する、子供同士の会話を聞く、子供の空咳を聞く、などいろいろです。子供の空咳ってなんか可愛いですよね。マネしたくなるんですよ（笑）。

今から二十年以上前のまだ新人の頃、よく大仙公園に行ってブラブラ歩きながら、立ち止まらずに、ずっとネタを考えていました。立ち止まらない！　というのがポイントです。なんせ広いので、いつまでたっても園内ですから。机に向かってネタを書くときももちろんありますが、歩いていてポッとネタが浮かんだときは、そのまま歩き続けないと、ネタもストップしてしまうんです。だからとにかくうろうろうろうろ！　ウォーキングにもなるし一石二鳥です。しかも環境がバッグンで空気もいい、頭の中にいい酸素が入って来て、はかどるんです。だいたい一度行くと、六時間くらいは居ますかね。

もちろん休憩もしますよ。ベンチに座ったり、芝生《しばふ》に座ったり、子供のいかした質問を聞いたのも、たしか大仙公園でしたね。「ママ、こどもの日以外は大人の日なの？」と言うのを耳にして、ドキッとしましたね。そのママは「そういうことじゃなくて、その日だけは子供のワガママを聞いてあげられる日なんだよ」と答えていました。私だったらなんて答えるかな？　まず、「いい質問ですね、池上彰です」は言いますね（笑）。子供って、本当に素朴な疑問をストレートにぶつけてくるから面白いですよね。答える親も大変だけれど、勉強になります。

あっそうそう、大仙公園は春には花見スポットにもなりますよ。敷地内の日本庭園の紅葉も最高！　とにかく一日中ずっと居られる公園ですので、一度行ってみて下さい。いいネタ書けますよ（笑）。

熊本「水前寺江津湖公園」

次に私がお薦めする公園は、熊本市にある「水前寺江津湖公園《すいぜんじえづこ》」です。この江津湖がステキなんですよ、上江津湖と下江津湖から成っています。その二つの湖がひょうたん形につながっていて、周囲の距離は六キロメートル！　その六キロメートルのほとりに、芝生の広場、遊び場、スワンボート乗り場や遊歩道などがあり、大人も子供も楽しめる公園になっています。上江津湖のエリアに、水遊び場の「じゃぶじゃぶ池」っていうのがあるんですが、ここでは姪っ子が小さい頃によく遊びましたね。カワセミなどの野鳥の姿も見ることができて、自由研究にはもってこいの場所ですよ！　こちらの公園もとにかく広いので、自転車に乗って風を感じたり、ボートに乗って湖からの景色をじっくり見たり、とにかく癒される公園です。

で、こちらは景色がいいので、写生したい！　という方にもピッタリなスポットです。実際に写生している方も多く、みなさんスケッチブック持って、親子で描いたり、プロ並みにリアルに描く方もいて、その絵を見ながら歩くのも楽しいんですよ。小学生でこんなクオリティー高い絵が描けるんだ、とか、本当にベレー帽かぶって描いているわ〜とか、奥様たちがご近所で誘い合って、江津湖行きましょうというてスケッチしに来てはるんやろなぁというグループがいたり。園内のボートハウスにはオープンカフェもあり、ハンバーガーやスイーツ、ドリンクなどでお腹も満たしてくれるんです。

江津湖の周りには、湖に面した飲食店もたくさんあります。私がおススメするのは**「湖鏡」**さんというイタリアンベースのレストランです。一軒家レストランでテラス席もあり、店内はオシャレで居心地のいい空間です。なんといってもお料理が美味しい。本格的なイタリア料理をいただくことができます。まさに五感で味わうレストランです。他のお店もジャンルがいろいろで、ラーメン屋も！　**「醤油そば琥珀」**さんは、かなりレベルの高い店です。熊本は豚骨ベースのラーメンが多いのですが、こちらは醤油ラーメン、琥珀色の透き通ったスープがたまりません。一滴も残さず飲んでしまうやつです。麺はちぢれ麺でスープとの相性もよい。そしてなんといっても嬉しいのが、チャーシューではなく、鶏のせせりが載っているんです。私、焼き鳥の部位で一番せせりが好きなんですよ、そのせせりを香ばしく焼いて焦がした感じ！　たまりませんよ、クセになります。

そして旅館もあります。「湧泉《ゆうせん》の宿　藻乃花《ものはな》」さん。まだ一度しか泊ったことはないのですが、スタッフさんがとにかく優しく、良くしてくださいました。お部屋も温かみのある和室で、お風呂は温泉ではないのですが、半露天風呂で天然ミネラル水を使用していて、お湯がやわらかいんです。その中に、乾燥よもぎや、八種類の薬草をブレンドした薬草パックを入れて下さいます。これがびっくりするほど気持ちよくて、温泉好きの私が、これなら温泉じゃなくてもまったく問題ないし、なんなら、こっちの方がいい！　とまで思ったくらい！　お肌もすべすべになりますよ、忘れられないです。湖に来る小鳥のさえずりを聞きながら、最高の時間です。また必ず伺いたいお宿です。

と、まあ、江津湖周辺はステキな所ばかりでした。

東京・港区「芝公園」

そして最後にご紹介するのは、東京都港区の「芝公園」です。一帯の住所も芝公園、その名の通り分かりやすい公園です。東京のど真ん中に、こんな憩いのスペースがあるなんて。

東京タワーも目の前。知らなかったんですが、明治六年（一八七三年）に開園の、日本で最も古い公園のひとつのようです。その一角にあるのは、芝東照宮。三代将軍徳川家光が植樹したと伝わるイチョウの大木があり、東京大空襲後も残った、東京都の天然記念物なんです。

公園に話を戻します。芝公園には、歌をうたいによく行きます。昔、歌番組の撮影をしたこともあるんです。まだデビューして四年目ぐらいだったんで、その公園が芝公園とは知らずに、大都会にこんなステキな公園があるんだーと思ったんです。それが何十年か経って、この芝公園、都会のオアシスやなあと思って後輩と歩いていて、その後輩がギター持ってたんで、なんかセッションしてみる？　いうてやったところ、なんかえーのが出来たんですよ（笑）。その時に、公園から見える東京タワーや景色を見て、あれ？　昔撮影で歌った公園だ！　となりました。歌との相性がどうもいいみたいです！　なので、歌ネタを考える時は芝公園に行くようにしております。

三つの公園をご紹介してきましたが、今、とにかく公園が熱いみたいですよ。移住を考えている人を支援するサポートセンターの方も、最近は子供が安全に遊べて楽しい遊具がある公園を、その地域の目玉としてご案内しているそうです。公園が観光スポットになるなんて、昔は思っていなかったんですが、今は癒しを求めて多くの人が集まる、そして人と人が繋がる大切なコミュニケーションの場としても、重要な場所なんですよね。

さっ、私はまたネタ探しに、そして深呼吸をしに、公園行ってきまーす。

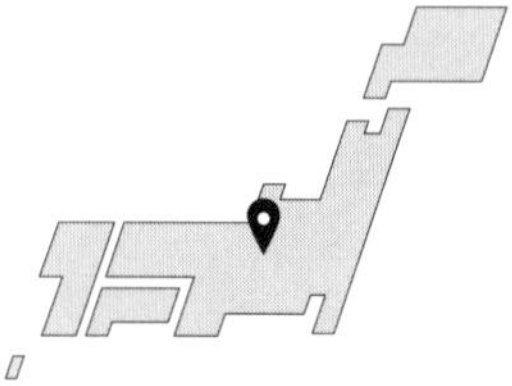

白川郷で感動の連続

岐阜・平瀬温泉「藤助の湯　ふじや」

今回は、昔から一度は行ってみたかった、岐阜県白川郷の旅です。「まんが日本昔ばなし」に出てくるような、雪深い中に建つあの合掌造りの茅葺《かやぶ》き屋根の家を、一度生で見てみたい！　そんな思いで行ってまいりました。

実はロケで秋にお邪魔したことがあったんですが、雪は当然降っていません。秋は秋で、素晴らしい紅葉でステキだったんですが、プライベートで一度雪の降る冬に行きたい！　と、念願の白川村に泊まる旅をこのたび決行しました。

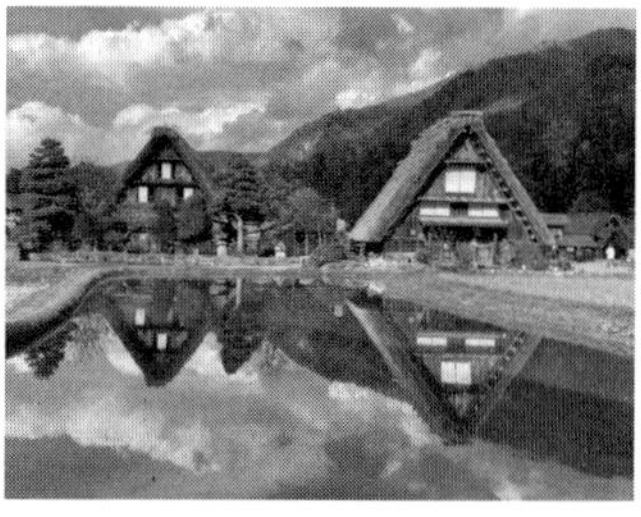

秋の白川郷

思ったよりアクセスしやすい

アクセスは、名古屋まで新幹線、そこから「特急ひだ」に乗って高山まで行きます。そういえば、以前、下呂温泉の回で、「ワイドビューひだ」に乗って、と書いたんですが、二〇二二年三月から、名称が「ワイドビューひだ」からシンプルに「特急ひだ」に変わったんです。さらに専門的なことはよく分からないのですが、HC85系（ハイブリッド式気動車）での運転が一部の列車で同年七月から始まったようです。名古屋から高山まで二時間四十分、列車好きな私は、景色見ておにぎりかじって、雪の白川郷の合掌造りの家を想像し、市原悦子さんのものまねをしてニヤニヤしながら、あっという間の時間でございました。

高山に着くと、そこからは白川村までバスが出ています。約一時間、思ったよりアクセスしやすくて嬉しい！　ただこの日は実は、私の学生時代の親友が白川村の平瀬《ひらせ》温泉で仲居として働いていまして（凄くないですか？　私が今一番行きたい場所で、学生時代の親友が仲居さんとして働いているだなんてキセキですよ！　しかも友人というカテゴリーではなく親友です。親友なんてそう何人もいるもんじゃないでしょ！　とにかく離れていても、辛いこと楽しいことがあれば電話して話し合える仲、地産の野菜を一人暮らしの私の家に送ってくれる友、とにかく優しく明るく社交的でパワフルな友です）、その親友が高山まで車で迎えに来てくれました。

私も松山の道後温泉で仲居として働いていましたし、友達グループの中に仲居さん経験者が二人以上いるって珍しいですよね。びっくりするのが、今の私のマネージャーも、以前、旅館の仲居をしていました（笑）。集まるもんですね〜！　ま、それはいいとして、友達が車で高山まで迎えに来てくれて、雪の中を走る車内で、地域の話や白川村の結《ゆい》の精神の話をしっかり聞かせてくれました。

結の精神とは、助け合いの心。雪深い白川村では、様々な作業を一人でするのは到底無理、そんなときには集落の住民総出で助け合い、協力し合うという精神のことだそうです。合掌造りの茅葺き屋根を葺き替える時も、一軒でやるには多大な費用と期間がかかるため、村全員で手伝うなど、みんなが一つになって作業をする。この白川村に住むためにはその結の精神が大事だということを、教えてくれました。世界遺産である白川郷を大事に保っていくには、みんなの協力が必要なんですね。

「まんが日本昔ばなし」の風景

車で走ること一時間で白川村に到着、まずは展望台に連れて行ってくれました。これこれ！「まんが日本昔ばなし」の風景、感動！　合掌造りの家が展望台から見るとすべてこちらを向いているんです。きれいに整列している、なんて美しい！　一月と二月の日曜日にはライトアップイベントもあるみたいなんで、その頃をねらってまた来たい！　と、到着してすぐに次のことを考えてしまいました（笑）。

昔ながらの家もあれば、内装をリフォームしてカフェや飲食店にした家もあり、昔にタイムスリップしたのに、それがアイデアを尽くした現代の要素と共存している感じが、人々を飽きさせない魅力となっているのでしょう。

ロケで秋にお邪魔した時は、人力車に乗せてもらって案内してもらいました。雑貨屋さんや神社などを回り、白川郷の歴史などを丁寧に教えてくださいます。また、白川で育てたお米も米専門店でいただいたんですが、甘くて粒が大きくて美味しい！　お味噌汁とお漬物を白米でいただくシンプル定食、これが一番美味い！　心も体もあったまりました。

さて、話は今回の旅に戻りまして、友人の車で旅館に向かいます。白川村の集落からさらに十五分ほど山に向かって車を走らせます。こんな山奥に温泉なんかあるの？　と不安になってきたときに、ポツンポツンと住宅が見えてきました。平瀬温泉の看板も見えてきました！　なかなかノスタルジックでいい雰囲気！

古民家のお宿

不安からワクワク感に変わって間もなく、今日宿泊する旅館、「藤助《とうすけ》の湯　ふじや」さんに到着しました。ここが、友人が仲居をしていて私が行きたかったお宿です。もう入り口見たとたん、わーここ選んで間違いなかった、と感動します。情緒ある佇まい、完璧なお宿の入り口！　と、ここで働いている友人が羨ましいとすら思いました。

お部屋は全部で十一部屋、二階建てのこぢんまりとしたお宿なんですが窮屈ではなく、入ってすぐに暖炉があり、古民家で天井が高いので広く感じられます。実際広いです。ロビーにある番台が、昔の映画で見た（五社英雄作品でも幾度となく出てくるあの番台です）懐かしい感じのやつ！　そうそう、感動したことの一つとして、女将さんがすぐに荷物を部屋に運んでくださいました。その間ロビーでゆっくりしていたんです。三分ほどして部屋に案内して下さったんですが、スーツケースのコロコロが、きれいに拭かれていたんです！　私が一番注目ポイントとしているこれ、なかなか出来そうで出来ないサービスなんですよ。ピッカピカになってました。なるほどこれに三分使って掃除してくれてたんだなと分かり、ますますこのお宿が好きになりました。

今回私が宿泊したのはこの旅館で一番リッチな造りの古民家特別室です。入ってすぐ靴を脱いで、階段で二階に上がると扉があり、その扉を開けると、大大大好きな炬燵《こたつ》がドンと置かれており、もうお部屋はぬくぬくです。炬燵の後ろにソファがあるので、炬燵に入ってそのソファにもたれるという最高の座り方ができる。大きなテレビがあり、ソファのある居間の隣はちょっとした書斎のようなスペースになっていて、最新マッサージ機も置いてあります。で、部屋は全部で三つ！　真ん中の部屋には囲炉裏《いろり》があって落ち着けるスペース、そして一番奥が寝室、すでにお布団が敷いてあります！　ありがたい！　いつでもごろん出来ます。大きな窓があって、変わりゆく景色を見ることができます。雪景色も最高でした！

もう言うことなし

さあ、私の一番のお気に入りポイントの温泉ですよ！　こちらは、私がいつも旅館を選ぶ際に条件とする、露天風呂付きのお部屋ではないのです。それが無いならその宿やめようかなと思う時もあるくらい、露天風呂付きの部屋に重きを置いてきたんですが、ここは、無くても全く問題ございませんでした！　なんと貸切風呂があって、空いていれば好きなだけ無料で入れるんです。しかも雪見露天風呂です。広さもあり、もう言うことなし。貸切風呂は二つあるから、混むこともなく、いつでもゆっくり浸かれました。お湯も大好きな源泉硫黄泉なんです！　やったー！　知らなかったからテンション上がりまくり～！　加水・加温・循環等一切行っていない源泉掛け流しです。もう完全に、友近ツーリストの常宿になりましたね。もちろん貸切以外の内湯・露天風呂も別に完備されています。こちらのお宿に泊まる人は十五時から翌朝九時四十五分までずっと入れます。

さて温泉から出るとお食事です。今私ダイエット中なんですが（本当？　笑）、そんな私にぴったりな内容の、体に優しい山里料理です。少しずついろんな種類を食べられる、女子が大好きなやつ！　地元食材にこだわり、山里の田舎料理を存分に味わうことができます。男性の方も満足できる飛騨牛もあり、川魚もあり、大満足なのにお腹が苦しくならず、体がほっとして、野菜も沢山食べられます。感動したのがネギの甘さ、寒い地域のネギはもうトロトロで甘くとろけます。帰りに早速、道の駅で購入しました！　お米も美味しい、これはリピーターになるのが分かります。朝食もバランスのいい魚、野菜のお味噌汁などなど、胃と目がバキーッとなります。

もう到着してから感動の連続で、今まで来られていなかったことを後悔しちゃいました。これからは、少し遠くにありますが、ガンガン行っちゃうと思います。白川村の平瀬温泉、ぜひ皆さま行ってください、きっと私がいますよ（笑）。

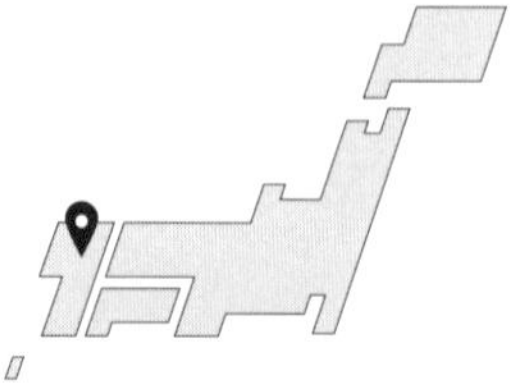

たまらなく好きな硫黄泉

大分・日田温泉「奥日田温泉　うめひびき」

駅ホームの駅名標も
どこかレトロでのんびり

あ〜寒いです。これを書いている今、一月です。となると温泉のことしか考えられなくなってきましたよ……というわけで、冬に行った温泉の話をさせてもらいます。

昔は、温泉の泉質にはこだわっていなかった私。だいぶ温泉通になってきたのか、前は料理・景色もろもろ総合でお気に入りの旅先を決めていたのが、今は第一に、泉質優先になってきました。以前にも書いたのですが、アルカリ性単純温泉が基本好み。

でも、もっと好きなのが硫黄泉！　もうたまらなく好きですね。今回は、硫黄泉を求めて大分県に行ってまいりました。

別府《べっぷ》には温泉郷が八つあり、別府八湯《はっとう》と呼ばれているんです。そういえば、昔修学旅行で行ったな、別府温泉に。家族ともよく行きましたよ、「別府温泉杉乃井ホテル」。そこにある「スギノイパレス」、あの「パレス」っていう響きが好きなんですよ（笑）。パレスではジャングル風呂や大衆演劇、歌謡ショーもやってたな。ザ・昭和です。昔はともかく、今は大型リゾートホテルにブランド化されております。

別府八湯巡り

しかし今回訪れたのはそちらではありません。まずその八湯を巡れるだけ巡ろうと、別府八湯巡りをしてまいりました。

最初は、湯治場の雰囲気が残る鉄輪《かんなわ》温泉に行きます。腰が悪いのと肌荒れもあるので、とにかく治したいという思いでいざ「鉄輪むし湯」に！　あえて、お温に浸かるのをメインとはせず、蒸されて体を整えるということに重きを置きました。入浴料七〇〇円。レンタル浴衣を着て入ります。まず浴室で体をきれいにして、そのあと浴衣を着てむし湯に行きます。

高さ一メートルほどの低い扉を開けたとたん、いい香り。汗だくの人が沢山いてるはずなのに清潔な香り！　床一面に、石菖《せきしょう》という草が敷かれていて、それが薬草なので高温（一〇〇度）で蒸されると匂いが立って、体内にす〜っと入ってきます。そこで首や肩をまわすと、ばきばきとほぐれていくのです。寝転んで息をしても苦しくなく、ジワ〜ッと出る汗もくさくない！　そして目もパキッとジューシー（ソーセージのＣＭ）、なんだこの蒸し湯は！　八〜十分でＯＫなんですが、もっと長い時間入っていられるかも。あーすっきり。出たらすぐ、横にある浴室に行って温泉に浸かるんです。なんて天国なの！　これはみなさん行くしかないですね。あ〜デトックス、デトックス♪

それから辺りを、ちょっと歩きます。歩いていると、道路のあちらこちらから湯気が出てるんですよ。その上を歩くだけで硫黄の香り、歩くだけできれいになる！　少しお股を開いてその上に立つと、下半身がジワ〜ッとあったまってたまりません。それがいたるところにあるんですよ、もうなんて環境！　大満足の鉄輪温泉でした。

さあ次は、硫黄泉メインの明礬《みょうばん》温泉。日帰り温泉が沢山ありますので、宿泊しなくてもいろんなお湯を楽しめます。

私が訪れたのは「**湯屋えびす**」さん。乳白色の硫黄泉と無色透明の単純泉の二つの泉質のお湯があります。目的は硫黄泉ですから、もう迷わず、乳白色の硫黄の匂いがプンプンのお湯にまっしぐらです。浸かる前から気持ちいい（笑）。浸かりました。もう出たくありません。ずっとここにいたい、じゅわ〜く〜もうたまらん。手で何度もお湯をすくって匂いをかぐ！　これを十回以上くりかえします。ものの一分で、体にも硫黄の匂いがまとわりついて、ずっとはなれない、硫黄がストーカーなら許せちゃう。もう、一番好きなもののランキングは、硫黄泉の匂いと五社英雄作品が並ぶな！　とにかく、やばいでしょっていう（Mr.都市伝説関さん風）お湯でございました。ちなみに今回は家族風呂が予約で一杯だったので、大浴場でゆっくり浸からせていただきました。ごちそうさまでした。

梅の郷で味わう世界一美味しい出汁茶漬け

さて、そうこうしてたら、二湯しか巡っていないのに、もう夕方前になっちゃったんですよ。

実は今回別府には泊らずに、宿泊地である日田《ひた》温泉に向かうのです。おなじ大分県なんですが、別府からは車で一時間二十分ほど走ります。

明るいうちにチェックインしたいところ。なんとか十七時十分という、まだ深い山がうっすら見える時間に到着できました。

今回のお宿は**「奥日田温泉 うめひびき」**さん。昔の天領・日田の奥座敷にある梅の郷《さと》なんです。旅行サイトで見て気になっていた所だったのでワクワク！

旅館全体の照明が、いい感じに落ち着くオレンジ系とイエロー系のあたたかな色。日田杉を使った上品なたたずまいで、優しく出迎えてくれる感じです。今回の旅も、お部屋は贅沢にいきたかったので、温泉露天風呂付きの特別室にしました。目の前に大山《おおやま》の響《ひびき》渓谷を望み、絶景を味わいながら温泉に浸かれるというお部屋、いざ入室！

うわ〜家具がきれい。和紙と組子を用いた優しい癒しの空間。ベッドなんですが畳もあり、和と洋モダン、両方味わえるやつです！（やつですって……）。そしてすぐさま部屋の扉を開けてデッキに出ると、大き目の温泉露天風呂があります。お湯を見たら、お茶やお茶菓子を食すより前にもう、服を脱ぎにかかっておりました。入室して一分五十秒ぐらいで、お湯にチャポンです。く〜〜あったまる〜、こちらは、硫黄泉ではなく、単純泉というベーシックなお湯なのですが、絶景を眺めながらの入湯ですから、それがごちそうといった感じで、これまた大満足。何度も入っちゃいますよ、部屋にあると。

そして夕食の時間です。夕食は和食懐石、梅の郷なんで、食前酒は梅酒です。「梅酒蔵おやま」という、この旅館に併設された梅酒蔵で造られた、二種類の梅酒の飲み比べができます。お酒が弱い私も梅酒は飲めるし、好きなんです。グイっと一口、あらほっぺがじゅわっとしておいしい、これは飲んじゃうわ！　というやつ！　お料理も梅をつかったものが一品、二品出てくるんですが、梅のクセがなくその料理になじみ、ちょうどいい塩梅（梅だけに）で入ってるんです。おさしみ、馬刺し、お野菜も皆美味しい。

驚いたのが、メイン料理、三回出てきました？　っていうくらい、次から次へとメインらしきお皿が出てくるんです。岩崎宏美さんの「家路」という名曲を聴くと、サビが次から次へと出てくるんですが、それを思い出しました（笑）。牛タンステーキの後にさかなの焼き物、その後にしゃぶしゃぶが出てきたのです。どれも大変美味しく、これだけ食べたのにおかわりしたい！　と思わせる味です。一つ一つの量も多すぎず少なすぎず、ちょうどいいんですよ。しゃぶしゃぶは豚しゃぶで、お出汁が張ってあって基本ポン酢につけて食べるんですが、そのお出汁とポン酢がうまいのよ。豚とクレソンを入れて軽くしゃぶしゃぶ、豚はやはり火をしっかり通させていただきます（昭和の人）。お肉・お野菜を何度かくぐらせたお鍋の出汁に、えー感じに旨みが出てきまして、最後は雑炊といきたいところなんですが、白米がでてきます。この白米に、旨みが出切った出汁をぶっかけて食べるのです。公式な食べ方ではありません。私の自己流です。ちょろっとポン酢をたらします。

あのですね、これが、世界一美味しい出汁茶漬けですわ、世界でナンバー1、これだけの店出してもらいたいくらい、ハワイやニューヨークに出店したら大行列になるんちがいますやろか！　そんなことを思いながら、サラサラ、と完食してしまいました。マジで美味しかったです。ごちそうさまでした。

水墨画のような景色

そしてお部屋に戻って、ここからは毎度毎度やっております、お湯に浸かって冷たいもん飲んで、またお湯に浸かって横になって、またお湯に浸かるを、何度もくりかえします。ぐっすり眠れそうです。グッドスリーピング！　二十二時三十分です、早い！

翌朝です。六時半には目が覚めました。まだあたりは暗いです。十五分くらいすると朝もやの中にじわっと響渓谷が見えてきて、幻想的な水墨画のような景色が広がってくるのです。またそれを見ながらお湯に浸かる、みんなこうして過ごしてますよね、温泉旅館行ったら！　何度も入るのがちょっとおかしい、みたいな空気にはなってませんよね？　とにかくチェックアウトまで入り続けます。

朝ごはんは、上品な和食です。ドリンクバーもあり、ゆずドリンクやオレンジジュース、もちろん梅ジュース、牛乳といろいろ飲めます。

ごはんは土鍋で炊かれ、キラキラ粒が立っています。「うめひびき」さん特製のたまごかけ醤油がこれまた美味しい。鮎魚醤を使用した醤油で、ごはんとマッチするんです。ごはん、二杯から三杯はいきましたね。五十分ぐらい朝ごはんに時間かけちゃいました。

そしてお部屋に戻り、水墨画のような景色を見ながらまたお湯に浸かります。帰りたくないなーと口に出しながら、時間にはちゃんとチェックアウトしたいので、十一時に準備完了して、後ろ髪引かれる思いで旅館を後にしました。

あ〜また幸せな旅をしてしまった。いや「しまった」っていう表現はどんな感情？　こんないい思いしていいの？　という感情？　自分でもわからないのですが、こんないい旅してたらこの先バチあたるんちゃうか？　という感情か？

とにかく、明日からまた仕事頑張って、これからもすてきな旅が出来るように、みなさんに楽しんでいただけるようなエンターテインメントを作っていきます。よろしくお願い致します～す。

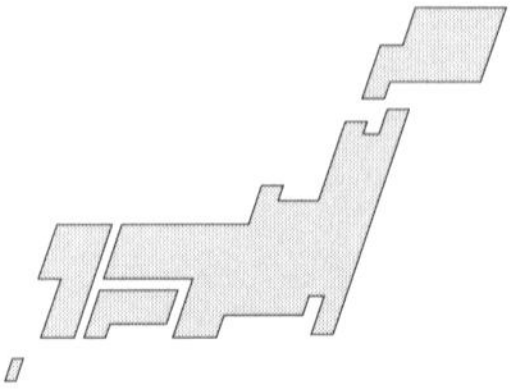

「家にいるのに旅気分」を味わう方法

家にいても旅行気分を味わいたい！　という気持ちは、思い返せば幼い頃からあって、実際にいろいろやってたんですよね。

たとえば、家の駐車場にテント張って姉と寝泊りしたり、家の中でもテントを張ってキャンプ気分を味わったり、駐車場のスペースで、メガネ屋さんやったり。なぜか、カラフルな針金が家に沢山あったんです。それを使ってメガネを作り（レンズなしの伊達メガネですよ！）、いらっしゃいませ～と言いながら、メガネを売ってたな～（本物のお金はもらってません。笑）。

住宅展示場のモデルハウスに行くのも好きで、なぜか小上がりのある物件に魅かれます。

なんか異空間に来た感じで、ワクワクしちゃう。一段下がるのでもOK、とにかく段差が好き。バリアフリー対応してくれている物件には申し訳ないですが……。和室の小上がりのある物件、一九九〇年代に多かったですよね。パンフレットを見てると今でもありますが、昔より畳がオシャレになったり、マットっぽい素材になったり。デイベッドやオットマンも好きなのよ。段差ね、ダンサー・イン・ザ・ダークね！　バカ言ってる！　ちょっとの違和感が、なんか心地いいんですよ。

お弁当でピクニック気分

それで言うと、家にいるのに、弁当箱におかず詰めておにぎり作って、二段重にして食卓に持って行き（キッチンから食卓まで三歩）、食べるのも好きなんですよ。家でお花見気分、ピクニック気分！

なんでお弁当ってわくわくするのかな。私は、お弁当の方が作るの得意なんですよね。ちゃんとした夕食を作るよりハードルが下がるでしょ？　お皿で出す料理って、一品一品がしっかり料理として食べられてしまうから、ハードルが上がっちゃう。お店がそうでしょ、運ばれてくる料理、一口一口に感想が語られ、しっかり味が評価される。シェフたち作り手にとってはそれが嬉しいし、それを生業《なりわい》にしているのだから、適当に食べられたら逆に腹立ちますよね。家で出す、あるいは出てくる料理だって、それなりにハードルは下がりますが、やはり味わって食べる（いいことなんだけど）。

その点弁当は、見た目が華やかであれば、それだけで半分以上は合格！　味も、一品一品お皿で出すには物足りなくても、弁当箱に詰めればなぜか美味しく感じる。玉子焼き、ウインナー、ほうれん草の胡麻和え、ちくわの中にきゅうり（ちくきゅう）、海苔を巻いたのとゆかりと塩むすびの三種類のおにぎり入れて、蓋閉めたらもう、開けるときワクワクして大満足（なんでここで一回蓋閉めたん？　笑）。

とにかく、基本のおかずだけで十分楽しいお弁当になる。ちなみに私が作るお弁当は、玉子焼き（ネギ入り）、からあげ（片栗粉で揚げる）、ささみチーズ、ちくきゅう、糸こん牛肉、ほうれん草の胡麻和え、焼きシャケ、あらびきウインナー、海老とブロッコリーのマヨネーズ和え、コンニャク炊いたやつ、冷凍の枝豆、おにぎりは海苔を巻いて中にめんたいこを入れたの、それと塩むすび、あと混ぜごはんの素の「ひろし」（青菜）を混ぜたの、たわらではなく三角おむすびです。よくこれを作って家で食べてたなぁ、一人で！　そんなことしてた人、他にもいますか？　けっこういると思うんですけどね。やったことない方、是非一度、いろいろお弁当箱に詰めて家で食べてみて下さい。なんか楽しいですよ。

入れ物が変わるだけで食べ物が美味しく感じられる、で思い出しましたが、二〇二二年、「い・ろ・は・す」の容器が変わりましたよね。ボトルが変わってから、お水がすごくなめらかに、のどにぐびぐびと入って行くんです。中身の水自体は変わっていないと思うんですが、容器の口当たりが変わるだけで味まで変わるって、不思議ですよね。

だから料理では、器は大事っていうんでしょうね。紙コップで飲む水ってあんまり美味しくないですもんね。コーヒーは美味しい、でも紅茶はあんまり美味しく感じない、紙コップの素材に紅茶の香りが負けてしまうんでしょうか。その料理、その飲み物に合う器って、やっぱりあるんですよね。紙ストロー、これはエコのために仕方ないんですが、明らかに口当たりが少し……。

テレビ局で出していただくお弁当も、入れ物の箱で、美味しそうかどうかが決まるんです。中身美味しいのに、なんでこの箱なん？　っていうのがけっこう多いんですよ。結局、シンプルに、中身の見える透明な蓋の箱が一番いいのかも。もしくは、最近よくある、蓋がとれるやつでなく本体と一体になっていて、少しざらっとした段ボールのような素材の箱、かぼちゃのサラダが入ってそうなやつ（笑）がいいかも。分かります？　容器は大事だな〜。

パッケージが可愛い食べ物

パッケージ勝ちしている食べ物と言えば、小松空港などで売っている老舗の**「パンあづま屋」さんの「ホワイトサンド」**！　これは食パンの間にホイップクリームがはさんでありますが、ホイップクリームパンとは言わずホワイトサンドと命名しています。パッケージに水色でレトロに描かれたパン職人さんのキャラクターが可愛らしくて、思わず手に取ってしまう！　チョコサンドやジャムサンドなど、他にも種類があります。食パンにクリームがはさんであるだけなのに、かなりうまい！　イラストのパン職人さんが可愛過ぎて、トートバッグやメモ帳などのグッズも売られているくらいなのです。

あと、前にも書きましたが、長野県の「牛乳パン」！　これもパッケージデザインがレトロで可愛いのよ。いろいろなお店や会社が作っているから、ひとつに絞るのは難しいんだけど、多くは白いパッケージに紺色の字で牛乳パンと書かれていて、少年少女のイラストが添えられていたりします。可愛いから、つい手に取ってしまいます。たっぷりのクリームが入っていてパンはふんわり四角。これも旅してるから知り得る情報！

実はこれを書いている今、私は北海道の函館におります。「友近・礼二の妄想トレイン」（BS日テレ）のロケですが、今日は個人的に前乗りしております。仕事で来ることになっても、温泉やグルメはプライベートで味わいたいので、前乗りで満喫します。旅先で原稿を書くの、文豪みたいで好きなのよー。今は午前一時三十四分、さっ、温泉入って明日は八時起き！　函館をたっぷり楽しみたいと思います。は〜るばる来たぜ函館へ〜、あ〜なたと食べたいシャケちゃづけ〜（笑）。

ではまたね！　バイビー。

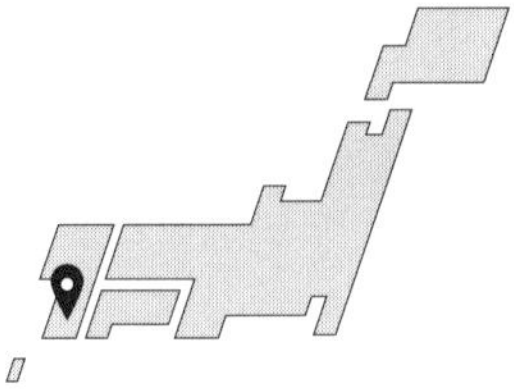

大好きな先輩と大好きな黒豚を

鹿児島・霧島温泉「霧島国際ホテル」

湯煙立つ霧島温泉

水谷千重子コンサートで各地を回らせていただいていますが、この度、鹿児島県の霧島《きりしま》に行ってまいりました。「水谷千重子ありがとうコンサート」というのは、主要都市はもちろんなんですが、なかなかそういう都市に行けない方々のために、県で第二、第三の都市に伺って、皆さまに楽しんで頂きたいな、という思いで始めました。

霧島！　立派な町で、自然豊かでノスタルジックでもあり、なんといってもパワースポットである霧島神宮がある地でもあります。芸能の神様もいらっしゃるとか！　とにかく空気がよくて、気がいいんです。

前日に公演があった福岡で一泊して、朝、九州新幹線で鹿児島に向かいました。博多駅で、おにぎらずタイプのスパムおむすびと「**大分からあげ**」のあつあつを買って電車に乗り込み、よく噛んで食べようと心がけていたのに、六分くらいで食べ終えてしまいました（笑）。美味しいもんはすぐ食べちゃう。あ、ちなみに、福岡ナイトは珍しいアナグマのすき焼きをいただきました。アナグマは初めて食べましたが、臭みなどなく味がしっかりしていて旨味が強く、最高でした！

で、新幹線で鹿児島の川内《せんだい》駅で下車して、そこから車で七十分、霧島市民会館に到着です。着いてすぐ目に入ったのはお弁当！　さっき車中で食べたばっかりやろ！　て感じですが、地方公演で用意して下さるお弁当は豪華弁当なのよ！　仕出し弁当のようにおかずの数が多くて、味がその地方の味付けで、ほっこりする。またもやペロリですよ！　歌ってエネルギー使うからね！　と自分に言い聞かせて（笑）。いざ本番が始まると、なんかいつもより声が出てるような気がするんですよね。普通歌う前は、アーティストの皆さん、あんまり食べないという方が多いのですが、私の場合、あっ千重子さんの場合は、食べないと声出ないわ！　のタイプみたいです。

せっかくなので温泉へ！

二時間のライブを終え、かなりヘトヘトになり、普通なら皆さん、会場近くのホテル、もしくは空港か鹿児島中央駅近く、あるいは町中のホテルをとって打ち上げ行くぞ！　って感じなんですが、ここは座長水谷千重子の意見で、せっかく霧島に来たんなら温泉に入らないともったいないでしょ！　ということで、市民会館からさらに山奥、三十分以上車で行く、「霧島国際ホテル」さんに向かいました。今回のこの鹿児島コンサートは、バッファロー吾郎Aさんとロバート秋山さんも同行です。正式には八公太郎と倉たけしですが。

事前に「じゃらん」のサイトで温泉の満足度の高い旅館、ホテルをさがして、見つけた宿でした。露天風呂が二ケ所あって、とにかく湯煙が立つ温泉宿。泉質は単純硫黄泉、湯量豊富なかけ流し天然温泉です。乳白色のにごり湯で、温泉きた〜って感じの満足感。肌にあたるお湯の感触がやわらかい。そして匂いは？　あの硫黄泉の匂い！　肌に一度匂いがつくと二、三日とれないあれ！　それが最高なのよ！　夜と朝、もちろん二回入りました。

不思議に思ったのが、宿はもうパンパンのお客さんなんですよ。なのに、夜も朝も温泉入ったら、ほぼ貸し切り状態なんです。なんでやろう？　時間帯かな……。みんな湯煙だけ浴びに来てんのかな？　ビュッフェだけ食べに来てんのかな？　ってくらい、いつも空いていてラッキーでした！　お風呂場で声かけられるのがやっぱり一番恥ずかしいですからね。下腹だけは隠したいのよ（他は隠さんのかい！　笑）。とにかく気持ちよく疲れを癒してくれました。

ビュッフェも本能と感覚で

食事はビュッフェでした。鹿児島はなんと言っても黒豚ですよね。「黒豚のセイロ蒸し」が大人気ですごい行列。何度並んだか。天ぷら、寿司、ステーキ、中華、洋食と、さんざん食べまくって、あーおなかいっぱいとなって、デザート取りに行ったら、一番人気の黒豚セイロ蒸しに行列がなくて空いてたから、また黒豚セイロ蒸しも取って、デザートプラス黒豚という組み合わせでテーブルに戻ったところ、バッファロー吾郎Aさんに、まじか！　デザート行ってまた黒豚って、おかしいで！　と突っ込まれまして。そしたら、ロバート秋山さんもデザート取りに行って、デザートとステーキを持って戻ってきたんです。それを見てバッファロー吾郎Aさんが、秋山もおかしいって！　あんたら二人おかしい、そりゃ芸風似てるわ！　と大笑いしてました。食べ方にルールなんてないですよね。デザートの後、黒豚食べたらアカンなんて誰が決めた！　デザートの後、ステーキ食べたらアカンなんて誰が決めた！（笑）。だから秋山さんと私って、お笑いの方程式ってものを別に気にせず、本能と感覚のままやりたいことやってるんでしょうね。ククク。ビュッフェの取り方にそれが出てるんですね！

とにかく、大好きな芸人の先輩と、大好きな硫黄泉につかって、大好きな黒豚が食べられることが幸せでした。もちろん一番幸せだったのは、コンサートにファンの皆さんが沢山集まって下さったことです。霧島が大好きになりました。遠方から来て下さった方、皆さま本当にありがとうございました。

こうやってまた、将来に移住する町の候補が増えて行きます。全国にはまだまだ、行ってみないと分からない土地の魅力がありますよね。仕事と趣味の旅行がドッキングしたコンサート、この時間が永遠に続けばいいのにと、今回は心の底から思う旅、いや、仕事でした。

次はあなたの町にお邪魔したいと思います。第二の故郷がまた増えますな（笑）。

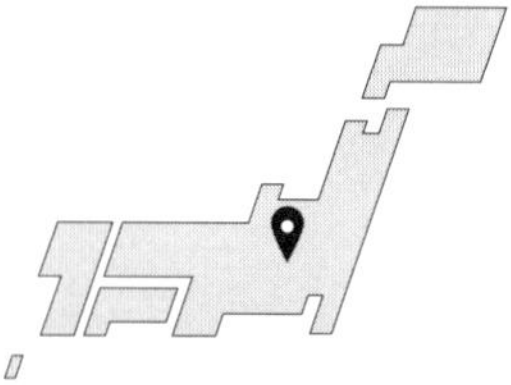

万座の湯にハマってしまいました

群馬・万座温泉「万座プリンスホテル」「万座高原ホテル」

湯煙で見えにくいが友近です

今、私は反省してるんです。

全国の温泉を知り尽くしてるくらいの勢いでエッセイ書いてきましたが、まだまだまだ、ひよっこでございました。というのも、いいなと思ったらリピートして行ってしまうケースが多く、新規開拓もしてはいるんですが、やはり関東に住んでいる分、旅イコール遠出したい！　という気持ちがあるので、九州行ったり北海道行ったりしてしまいがちだったんです。そんなこともあり、今回は関東の群馬にスポットを当てました。

長野・新潟はよく行くくせに、正直、群馬飛ばし、してしまっていました。申し訳ございませんでした。謝罪もおかしいんですが、謝罪したくなるほど、群馬、お湯が気持ちよかったんですよ。

以前、硫黄泉を求めて別府に行ったと書かせていただいたんですが、実は自然湧出量日本一は、みなさんご存知の草津温泉！　町の中心の有名な広場「湯畑」の湯量を見れば、一目瞭然ですよね。硫黄の香りただよう最高のアロマ地帯でしたよ、私にとっては！　とにかくどこの旅館に行っても源泉かけ流し、加水なし、すごい硫黄の香りに包まれて、ずっと鼻をクンクンさせていました。

とにかく恋の病以外はすべて治します！　と謳《うた》っている草津温泉ですから、水虫の人は二日で治るみたいですよ。急に水虫の話！

で、もっともっと山の方に行くともっともっと硫黄が濃くなりますの、万座《まんざ》温泉です。

どこをとっても満点

正直、この万座温泉の良さを知らなかったんですよ。濃厚硫黄を含む「酸性硫黄泉」というて、もう一年間、体についた香りがとれないんじゃないか！　というくらいでした（実際は二日でとれます、が、その時着ていた服にはずっと匂いが残っており、一週間経っても消えませんでした。洗濯してもです！　私的には嬉しいです）。

万座の良さを知ってしまった私。大浴場、女性風呂はもちろんのこと、こういったところは、やはり男女分けへだてなく、平等にいい硫黄泉を、ということなのかな？　混浴がメインになるんですよね。その混浴にも何度も入ってしまいました。タオル巻きますよ、もちろん！　景色よしお湯の量よしお湯の色よしお湯の匂いよし、どこをとっても満点。よし。

で、色の話が出ましたが、**「万座プリンスホテル」**さんのお湯は乳白色、そのもう少し先の**「万座高原ホテル」**さんのお湯は、湯舟によって色が違っていて、白濁と透明、黄色の湯と、いろいろ楽しめるんです。こちらも混浴がメインです。男性がいるから恥ずかしいとか、そういう感覚は、もうなくなっています。

で、実は今、原稿を書いている自分の服の中から、「もわっ」と硫黄の匂いがしてるんですよ。なんでかなと思ったら、今、腹巻きを巻いてるんですが、その腹巻き、一カ月前に行った万座温泉で、寝る時にお腹が冷えたら嫌だから巻いて寝てたんですよ。で、一度だけ洗濯はしたんですが、まだまだ匂いが残ってるということです。ちなみに「ランドリン」という、結構香りが持続する柔軟剤を使って洗濯したんですが、それを越えて硫黄が前に出てきましたね。「ほこ×たて」という番組が昔あったのを思い出しました（笑）。ま、それはよしとして！

なので、今もアロマ気分でペンを走らせています。お湯がいいと、料理とか正直もうどーでもよくなりますわ。もちろんお食事も美味しいんです、バイキングで！　夜のお食事をバイキングでってていうのは、あまりチョイスしてこなかったんですが、大浴場などの温泉をメインに旅行に行く場合は、バイキングの方がなんか楽しい。しかも食べたらすぐまた自分のペースで温泉入れるし、いいですね。

鍋フェアというのをその日はやっていて、めちゃくちゃ美味しいすき焼きをいただきましたよ。実は群馬は「すき焼き応援県」なのをご存知でしたか？　万座だけがというわけじゃなく、上州牛という、上質な脂と赤身のバランスが最高のお肉が有名で、群馬県を代表するブランド牛ですね。雪が残ってる季節は、スキーして温泉入ってすき焼き好きなだけ食べてまた温泉入って、のループがいけますね。しかも「万座プリンスホテル」と「万座高原ホテル」は、二十四時間温泉入れるんです。いつ入ってもOK。朝四時に入ったら誰もいなくて、硫黄独り占めでした。気になるお腹を隠さなくてもいいし、一人なんで堂々と腕ふって入りました（笑）。

入浴剤で極上お風呂タイム

実は私、とにかく草津、万座の湯にハマりすぎて、帰って来てすぐ、アマゾンで草津の湯と万座の湯の入浴剤を注文しました（笑）。種類が色々ありまして、とりあえず硫黄とあの乳白色を家でも楽しみたかったので、五種類ほど購入しました。それぞれ微妙に匂いやニュアンスが違います。で、体にある程度匂いはつくんですが、一時間もせずに消えちゃいますね、そりゃ仕方ないわね……ほんとの硫黄の粉末ではなく、再現しようと頑張ってる入浴剤だからね（笑）。

余談ですが、私が今一番好きなハマってる入浴剤は「マグマオンセン別府（海地獄）」です。ブルーの入浴剤で、これはすごいですよ。さわやかな香り、体の芯からポカポカ、体につく匂いも人にかいでもらいたい匂い（笑）。これは別府の海地獄を表現している入浴剤です。

アマゾンで入浴剤ばっかり購入してるから、ま、「あなたへのおすすめ」にも入浴剤ばっかり出てきます。アマゾンさん、情報提供ありがとうございます。

さっ、今からは、万座の入浴剤を入れてから水素バブルが出るブクブクを途中で入れて、極上のお風呂タイムを過ごしたいと思います。紀香です（笑）。

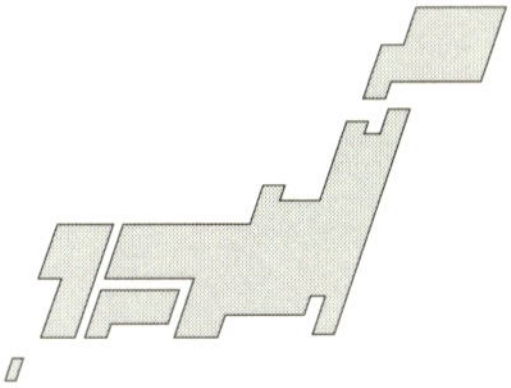

一男ちゃんだって旅をします

私の分身であるピザ屋のおっちゃん、プロアルバイターの西尾一男ちゃんも、ここ最近よく旅をしています。旅公演とでもいうのでしょうか。

ちょうど十五年くらい前に作ったキャラクター。やり続けるって大事ですね。水谷千重子さんもそうですが、西尾一男ちゃんは、ここ二年ほど日本全国各所で、「西尾一男とピザを囲む会」と題したランチ&ディナーショーを開催しております。最初は二〇二二年、「ホテル日航大阪」さんで催しまして、翌年にはキャパを広げて大宴会場で二回公演。あっという間に、口コミやリピーターの人たちのおかげで、評判を聞いた別のホテルさんやイベンターさんが呼んでくださり、二二年と二三年には大阪、名古屋、横浜、水戸、神戸、福山、岐阜

見よ、西尾一男のこの勇姿！

そして東京と、八都市で開催が決定しました。ありがたい!!

一男がディナーショーでいったい何をするの？　って、知らない方は疑問でしかたないと思います。私自身も、やってみないとお客様の反応も分からないし、はたして時間が持つのかどうか……。と言いながらも、実はあまり心配はしていませんでした（笑）。一男はおせっかいだけど、なんか可愛らしいキャラクターで、自分の言いたいこと、主張したいこともはっきり決まっています。頑固に見えるけど意外と柔軟性もあるので、ある意味何をやっても許される人物でもあるのです。ただやはり、自分でもやる前には分からなかったことがありまして、それは西尾一男がどの層に受けていて、どのように受け入れられているか、何を期待されているのか……。

西尾一男ディナーショーの段取り

やってみてまず驚いたのは、西尾一男がピザを持って皆さんが待ちかまえている大宴会場に入っていくわけですよ、扉が開いて曲と共に入場、入場曲は「西部警察ＰＡＲＴ‐Ⅱ」のオープニング曲。一男の姿が見えた途端、キャーキャーという女性の黄色い声援が響き渡るのです。「一男ちゃーんかわいい、かっこいい、セクシー、大好き〜、付き合いたい、結婚して〜」と……。一男、完全に男性として見られていて、その上「結婚して〜」とは、びっくりです。もしかして宝塚の男役の方を見ている感覚なのか？　これは実際にやってみないと確認できなかったことで、本当に開催して良かったと、心から感謝です。その歓声を聞くともう一男ちゃんも安心ですよ。完全にホーム。しかしそれに甘えちゃいかんと、気合を入れながら段取りしてるわけですよ。

まず会の進め方としては、入場が終ると手持ちのピザをステージ上の台の上に置き、ピザ入刀の儀式が始まります。ピザカッターを大きく振りかざし、よいしょー、よいしょー、よいしょー、と三回に分けて切り分けて、最後の三切り目が終ると、「エンドアーーイ♪」と、映画「ボディガード」のテーマ曲「オールウェイズ・ラヴ・ユー」が流れるわけです。ここまで皆さん、ついて来てくれてますか？（笑）。

切り分けたピザは人数分用意してありますから、ホテルスタッフの皆さんがワゴンに載せて各テーブルに運んで行きます。四百人分のピザを！　ピザはもちろん海鮮ピザ。かしわの唐揚げも入れて、小さい箱にセットしてお配りします。「ナイトライダー」のテーマ曲に合わせて！　ワゴンの先にはナイトライダーのグイングインと回るライトもつけて（バカやってる）。完全に好きなものだけを詰め込んだ演出、若い子たちは西部警察もボディガードもナイトライダーもさっぱり分からないと思いますが、分からなくても「一男ちゃんはこれが好きなのよね。だったら私も調べて好きになります」ってなもんで、もう推しのアイドルを応援する感じなんです。嬉しいね、一男ちゃん!!

ピザが各テーブルに配られたら、一男ちゃんによるオープニングトーク。まあペラペラとよくしゃべりますよ（笑）。そしてそれが終ると、一男ちゃんクイズ「一男ならどうする」が始まります。二択問題で、勝ち抜きです。AかBで答えるのではなく、MかLで答える。厳密に言うと、M寸かL寸で答えます。一男のジェスチャーでMかLを選択してもらいます。問題としては例えば、お歳暮でもらうならM・ハム、L・カタログ、一男ならどっちを選ぶ？　というようなやつです。やっぱり物でもらいたい、しかもハムの贈答品はでかいし嬉しい！　という一男。その答えを想像してもらい、四百人の頂点を目指していただくわけです（笑）。これがすごく盛り上がるのよ！　十五問くらいやって、最後の三人くらいになったら舞台に上がってきていただき、決勝戦は一男ちゃんによるイントロクイズです。曲は用意してませんから一男ちゃんが口でやります。口三味線というやつです。だいたい一男ちゃんは、平原綾香ちゃんの「Jupiter」の、息を吸い込むところをやります。あとは「CHA-CHA-CHA」の車のクラクションから始まるやつをやりますす。意外と皆さん当てますよ！　さすがです。

一男ちゃん、頑張ってます

そのゲームが終ると「西尾一男のナマ相談室」です。事前にアンケート用紙をお配りして、それに悩み事や聞いてほしい事を書いて回収ボックスに入れてもらい、ランダムに選んで、その場で一男ちゃんなりの解決方法をお話ししていきます。一男ちゃん、ちゃんと悩みに向き合って、いい答え出してくれたりしてるわよ。

六問くらいそれをやったあと、最後はお待ちかねの演舞の時間です。一男ちゃんは千重子さんと違ってお歌は歌わないから、この日のために練習してきた演舞を披露するわけです。模造刀と巨大ピザカッターを持って、時にはフリオ・イグレシアスの「さすらい」という曲に合わせて演舞したり、時にはマイケル・ジャクソンの「スムース・クリミナル」にのせて椅子に座って腰曲げたり……そして最後はタップダンス！　もうやりたい放題、でも汗水たらしてしっかりお客様に楽しんでもらおうと段取りしているのよ。お客様のテンションもMAXで大盛り上がり、一男ちゃんも上機嫌、そしてダンスがすべて終了したらエンディングです。ステージ上で使った物はすべて一男ちゃん自身で片付けて、ステージが整ったら、写真撮影会です。みんなずっとキャーキャーいって撮ってくれます。一男ちゃんのこと、もっと好きになってくれたらしい、そんな空気感を味わえます。

そして一男退場です。石原裕次郎さんの「嘆きのメロディー」に合わせた、哀愁の退場です。中には涙ぐむ方も……もう何がなんだか分からないけど、一男ちゃんとお客様が一つになったのは間違いないわね。こんな感情感覚を体が覚えちゃったらもうやめられないですよ、ほんとに幸せなことをやらせてもらっています。千重子に一男に友近、他にもいろいろいますがこの三人はもう、運命共同体です。一生やり続けますよ、命ある限り。

今回は一男ちゃんの旅公演のお話でした。打ち上げはやっぱり、友近自身がリサーチして地元の美味しいものを探してスタッフのみなさんをお連れしますの。これも一生やめられないですね。さっ、もうすぐ福山でのディナーショー二回公演よ、美味しいお店はすでにリサーチ済み！　一次会は居酒屋さん、終わったらラーメン行きますよ。公演中は食べていいの！　そしてまたダイエットするの!!　それがいいの!!

以上、西尾カオス、じゃなく西尾カズオのお話でした。

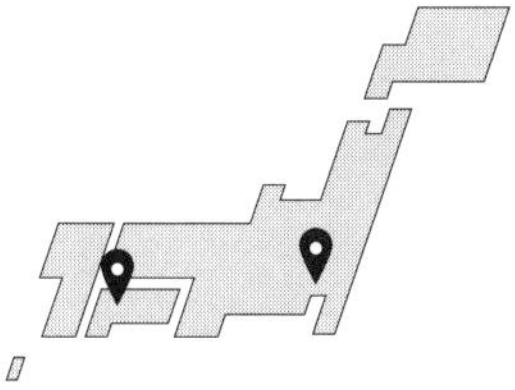

お花見全国行脚と春爛漫ツアー
東京、愛媛 ほか

花を見せたいのか自分を見せたいのか

皆さま、お花見はどこでされますか？　私、友近は旅芸人ですから、全国の桜を見ることができます。今回は二〇二三年に行った素敵なお花見スポットを紹介します。

東京の桜

まずは住まいのある東京。三月八日に！　早いですよね。自宅の裏の木が、白に近い色でキレイに咲いていました。

桜を見ると、十人に八人は（その年に初見の場合）写真を撮りますよね。もちろん私も撮りましたよ。あ、お花や植物、そして富士山などのキレイな写真を撮って人に携帯で送る行為って、もうおばちゃんですよね（笑）。私は立派なおばちゃんですからモウマンタイ。

まあ、でも、キレイなものを撮るのは自然な流れですよね。そしてどれだけキレイに撮れるか、一枚目の写真よりいいものをと、自分の中で競い合ってます。ポートレートアプリで撮ったり、別のアプリで撮ったり、携帯を横にしたり縦にしたり、逆さにして撮ったり（笑）、忙しい。自分を入れて撮る自撮りがまた難しい。自分メインになってしまって、それを人に送ってしまったときには、花を見せたいのか少しキレイに撮れた自分を見せたいのかどっち？　と、インスタ好き女子によくあるパターンのツッコミをされて言い訳したり、これまた大変です（笑）。

とにかく私の携帯の写真フォルダーには今、東京、千葉の桜がたくさん。千葉は菜の花とつくしの写真もあります。

あ、つくしって、昔よく道端に生えてたんで、子供の頃摘《つ》んでは持って帰って、卵とじにして食べてましたが、皆さんはどうでした？　この前、ロケ先でつくしが生えていたので摘んだら、みんなが「え？　いいの、摘んで？」と言ってきたのには驚きました。人の家の庭に摘みに行くのはよくないけど、道端に生えてるつくしはみんなのものですよね？　ちょっとほろ苦くて、でも春をいただいている感じで、好きなんです。春の山菜は基本苦いですよね、菜の花も、タラの芽も、ふきも、そして私が大好きな木の芽も。木の芽の香りが最高に好きで、竹の子の木の芽あえなんて、もう食べる前からゾクゾクして、どうしてやろーかなって感じになりますよ（笑）。好き嫌いが分かれるかもしれませんが、とにかく香りの強いものが、私は大人になるにつれて好きになりましたね。

愛媛の桜を見る友近アテンドツアー

えっと話を戻して、携帯に入っている桜です、どこで桜を見たかの話です。福岡、そして愛媛、愛媛は地元です。二〇二三年も愛媛で桜が見られて最高でした。三月四月だけで三回も行っておりまして！

まずはプライベートで、芸人の東MAXさんと名古屋のCBCのアナウンサー南部志穂さん、同じくCBCアナウンサーの永岡歩さんとの四人で、「友近がアテンドする愛媛春爛漫ツアー」を敢行してまいりました。というのも、本当はCBCで（今も生放送でお送りしています）「花咲かタイムズ」という番組のロケが四人であるはずだったんですが、なんだかんだで無くなり、じゃーせっかくだから、みんなスケジュールが空いたのなら私のアテンドで愛媛行きませんか？　と皆さんをお誘いしたんです！　十五年間（当時。今は十七年です）、この番組を一緒にやらせていただいてますが、皆さんとプライベートで旅行に行くなんてなかったものですから、思いきって誘ってみました！

ガイドブックに載っていない素敵な所にも皆さんをお連れして、大満足してくれたようでした。しまなみ海道を渡って、大島《おおしま》のおいしい鮮魚を食べられる「海宿 千年松」さんへ。穴子の刺身がいただけるのよ！　穴子はとにかく新鮮じゃないと、しかもそれをさばける職人さんがいないと、刺身は提供できませんからね。あと、この時期ならではの、ワカメしゃぶしゃぶ！　しっかりした黒いワカメを湯に通すと一瞬にしてあざやかな緑に変わるんですよね、それを見るのが大好き。味も抜群、それを皆さんに食べていただいたんです！

今回の旅は二泊しましたが、旅館もオススメの、部屋に露天風呂のついている道後温泉の「別邸 朧月夜」さん。おいしい朝食を食べて、昼は私オススメ、日本一うまいであろうミートソーススパゲッティの店「でゅえっと」さん、夜は、実は大将が西尾一男キャラのモデルという焼肉屋「くいしん坊」さんに行きました。肉がうまいうまいとみんなペロリ！　リブロースやハラミを出してもらうのですが、この歳になると、さしの入ったロースやカルビはちょっと胃もたれして苦しくなるのです。でも「くいしん坊」さんの肉は本当に胃もたれしないんですよ。それにみんな感動しておりました。そして何と言っても大将（西尾一男のモデルになった方）のキャラね！　行くたびにキャラが濃くなっていってるんですよね！　もう宇宙人というか仙人というか、皆さんにぜひ一度は会ってほしい方ね！

夜十時三十分からは、友近オススメ、道後にある老舗ストリップ劇場「ニュー道後ミュージック」さんで、ロマンを感じていただくという段取りでございました。ちなみに指ストリップというのが私のネタにあります（笑）。そして旅館に帰る道の途中にキレイな桜が咲いているわけです。ストリップ劇場で踊り子さんの可愛らしい桜を見た後は（下ネタじゃないですよ）、しっかりとした幹の、生命力バリバリの桜を見て、春を感じておりました。

あ、あと松山城にも行きましたよ。つうか、先に松山城の話せんかい（笑）。リフトで登って風を感じ、桜を見て深呼吸して、上に着いたら蛇口から出るみかんジュース飲んでご機嫌になって、もう最高だったなー。一人旅も楽しいけど、みんなで行く旅行も楽しみを分かち合えていいもんですよね。

残り二回の愛媛は仕事とプライベート。プライベートは、九十五歳の祖母と母、姉と姪っ子と私の五人でお寺さんに行って参りました。ご先祖様にご挨拶しに、父方と母方両方のお寺さんで手を合わせてきました。今の自分がここに存在するのはご先祖様のお陰でありますからね。ドライブもしました。桜三里というドライブウェイがあるんですが、桜が満開で、地元愛媛の良さを改めて認識しました。

全国各地の桜たち

他の地方でいうと、彦根の桜も見ました。ひこにゃんと手をつないでお花見しましたよ。花は美しかったし、ひこにゃんも可愛かったなあ。あと、姫路の桜、岡山の桜、鳥取の桜、どこも本当に美しく、それぞれが二つとない、感動する桜たちでした。

こんなに桜で季節を感じたのは久々なような気がします。いや、初めてかも、各地の桜をこんなに短いスパンで見られたのは！　次は、お花見弁当持って行って、桜の木の下でおにぎりほおばりたいなぁ。

あ、最後の写真は、NHK松山放送局のスタジオの中にもステキな桜があったのでパシャリ、しました。また来年も素敵な桜が見られますように。ありがとうございました。

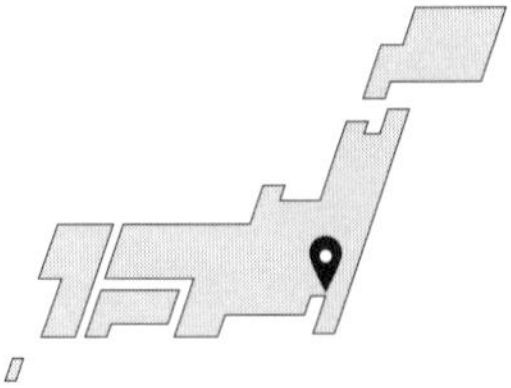

金曜日は千葉にラジオ旅行

千葉・海浜幕張

ＤＪ友近

今やらせてもらっている仕事で、とにかく楽しいのがラジオなんです。千葉の海浜幕張にあるベイＦＭさんに、二〇二二年四月からお世話になっています。ラジオは六年ぶりかな、レギュラーでやらせてもらうのは。ありがたいことです。「シン・ラジオ」という番組で、毎週金曜日の夕方四時から六時四十五分、二時間四十五分の生放送です。

ラジオって、その人の声がダイレクトに皆さまの耳に届くじゃないですか。絶対嘘をつけないし、つくつもりも全くないですが、本当の自分を知ってもらうにはラジオというツールが一番だと思っています。だからこそ、私は生放送にこだわりたいです。元々、編集されない舞台で自分の力を試してみたい！　と思って芸人になったものですから、いい自分も悪い自分もすべてさらけ出す覚悟で、ラジオと向きあっています。

金曜日は海浜幕張

あれ、旅のエッセイなのにラジオの話？　と思った方いらっしゃるのでは！　そう、ラジオの話もしつつ、その海浜幕張に東京から通う列車の話もしたいのです。

もう一年間、毎週金曜日は京葉線に乗って海浜幕張まで行っております。快速だと三十分、各駅だと四十一分、さらに特急「わかしお」に乗ると東京の次の駅なんで二十三分。「わかしお」に乗るとあっという間なんで、旅好きな私にはちょっと物足りない乗車時間なんですよね。ちなみに私が電車と言わず列車と言うのは、電気でモーター回して動くのが電車で、ディーゼルエンジンで動くのが気動車、この二つに分かれる、それらを全部ひっくるめて列車なので、列車と言うてたら間違いない！　と、中川家の礼二さんに教えてもらったからです（笑）。

東京駅、京葉線の乗り場は、中央口やほかの路線のホームからはまあ遠い！　でもその十二分くらい歩くのが、いい運動になるんですよ。急いでいるときは、タクシーで東京国際フォーラムの近く、三菱ＵＦＪ銀行がそばにある京葉線の乗り口まで行き、階段を降りて行くと一分で改札です。これもベイＦＭでラジオに出なかったら分からなかったこと、ありがたい！　知らなかったことを知れるって幸せですよね、ワクワクします、成長した気持ちになります。

「ペリエ海浜幕張」のオススメ店

で、海浜幕張で下車してまず向かうのは、ベイFMではなく、改札を出てすぐ真正面にある「ペリエ海浜幕張」です。いろんなお店が入っている施設で、「シン・ラジオ」のスポンサーにもなってくださっている**「すし銚子丸」**さんも入っていました（テイクアウト専門でしたが、今は残念ながら閉店してしまいました）。これが、おべんちゃら抜きで美味しかった。番組の本番中に、「銚子丸」さんお薦めのお寿司を食べるコーナーが毎回あるんですが、それなのに立ち寄って買っちゃってたんですよ。あと、よく立ち寄るのが、**「おむすび権米衛」**さん。大き目のおむすびですが玄米なんでヘルシー。中にツナやたらこ、しゃけなんかも入って食べごたえも十分！

そしてそして、一番お気に入りのお店が**「わくわくすてーしょん」**さんです。地元農家さんの新鮮な野菜、手作りのお弁当やパンなど、まさにわくわくする商品が沢山並んでおります。お昼ごはんを食べてない時は、焼きそばかパッタイか中華唐揚げ弁当かハンバーグか、チーズナンか、とにかく迷っちゃうのよ！　あ、焼きビーフンがまたいいのよ、ジャンルがあり過ぎて駅ビルの中のお店とは思えない！

　行きに立ち寄って購入するのはお弁当ですが、帰りに必ず買って帰るのが、「わくわくすてーしょん」さんの名物お野菜です。これは本当に嬉しい。千葉の美味しい野菜をたっぷりいただくことが出来て、また珍しい野菜もあるんです。私が必ず買って帰るのが、はなびら茸。オフホワイトの、まさに見た目は花が咲いたようなびらびらで、食べた時のコリコリ感がたまらない、あのキノコです！　これは毎週買って帰ります。ちなみに昨日も買って帰りまして、すき焼きに入れて食べました！　サイコー！　すき焼きに入れる具材、他の野菜もすべて「わくわくすてーしょん」さんで買いました。白菜、生きくらげ、長ネギ、しいたけ、あとお肉はなんとシカ肉。このシカ肉は、わくわくさんで買ったのではございません、SUPER EIGHTの安田くんがギフトとして下さった北海道のシカ肉と行者ニンニク！　これが死ぬほど美味しいんですよ、食通の安田くんに感謝。そんな珍しい豪華なすき焼きを食し、サイドメニューにはこれまたわくわくさんのお野菜のパクチーとトマト、スイートバジル。大地の恵みを沢山いただきました。

　たまに、帰りではなくラジオに行く前に野菜を買って、スタジオに入ることもあるんですが、スタッフさんがわろてます。かばんからネギが出てるねー言うて（笑）。ラジオ終わって夜だと、たまに売り切れてる場合もあるから、あぶないな〜、品物少なくなってるな〜、在庫なさそうやな〜と思うと、先に買ったりします。

オーシャンフロントのラジオブース

それでまあラジオの話に戻ると、ベイFMは、駅から出て歩いて三分で着く超高層ビル、ワールドビジネスガーデンの中に入っています。二十七階です。このビルは一九九一年、まだバブルの名残がある頃に建ったものなんで、内装はバブリーなお金持ち感が随所にほどこされていて、ワクワクします。ここでもワクワク（笑）。エレベーターで二十七階に上がると、まー景色が最高、おそらく全国のラジオスタジオで一番、ベイFMのスタジオがステキだと思います。とにかく絶景。カーテンをシャーッと開けると、真ん前がZOZOマリンスタジアムでして、その後ろがすぐ海。サンセットの時間がちょうど放送とかぶっていて、沈む夕日を見ながらいつも番組をお送りしています。杏里さんの「気ままにREFLECTION」をかけながら！

そしてアパホテルの中では、おそらく一番オーシャンフロントであろう、「アパホテル＆リゾート〈東京ベイ幕張〉」も目の前に！　一度泊まってみたい。そしてイオン海浜幕張店も見えます（笑）。以前ラジオのゲストに来てくれた、友だちの水森かおりちゃんが、海浜幕張といえばイオンの本社があるところよね！　と、「本社」という箔をつけてくれましたよ（笑）。かおりちゃん、そーいうところが好き。私も本社とか母体とか調べるのが好きなんで、そーいうところで気が合うんですよ！　なんのことないんですけどね！

そんなこんなで、私にとって千葉の海浜幕張のベイＦＭでラジオに出ることは、大変意味があるんですよ。列車の旅気分が味わえて、地元のお野菜購入できて、オーシャンフロントのラジオブースで好きな曲をかけながら、好きなことしゃべって、美味しい銚子丸さんのお寿司食べて、大阪にいる大先輩のちゃらんぽらん冨好さんと三十分電話つないで、リスナーさんにお電話して、そこで小学二年生のこうちゃんに出会って、今まで私に興味なかった方にも若干興味を持ってもらえて、自分をさらけ出して、リクエストの曲の間もしゃべって一緒になって歌って！　オープニングに大好きなシャカタクの「ナイト・バーズ」かけて「おはようございました！」って過去形で挨拶して、もう好きを詰め込んだラジオなんです。それをあたたかく見守ってくださるリスナーさんに本当に感謝しています。スタッフさんもよく、二時間四十五分の生放送を、友近にすべて任せてくださいました、ありがとうございます。

とにかく毎週金曜日は千葉にラジオ旅行に行くのを、ものすごく楽しみにしている私でございます。まだ「シン・ラジオ」聴いたことないぞ！　という方は是非一度聴いてみて下さい、ラジコでも聴けますよ。

ちなみにこれを書いている時の脳内ＢＧＭは、BONNIE PINK の「A Perfect Sky」でした。ではまたお会いいたしましょう、さようなら〜。

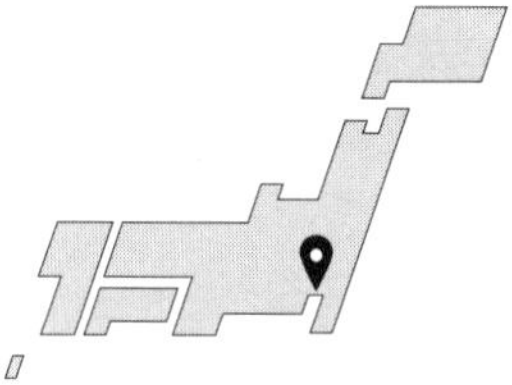

森下グルメに詳しくなりました

東京・森下

「モンブラン」さんのフランス風ハンバーグ

東京に住んでいても、都内で知らない土地が沢山あります。仕事でうかがう場所と、お気に入りのお店がある街にしか、なかなか行かないので、はっきり言ってもったいない生活を送っています。

道をウロウロ歩いて、古い建物やオシャレそうなお店を見つけるのが好きなんですが、どの街に何がある、ということはあまり認識できてないんですよね。

しかし今回、新たに発掘できた街があるんです。それは、東京都江東区森下です。地下鉄の都営新宿線と大江戸線が乗り入れている街。治安もよく、ファミリー層も多い、住みやすい街だそうです。

森下駅周辺のグルメ

なぜ私が森下に注目したかといいますと……。二〇二三年六月四日から明治座で開催された「水谷千重子50周年記念公演」の稽古場が森下にあったんです。なので、約一カ月間、毎日森下に通っていました。

だいたい十九時か二十時には稽古が終りますから、それから森下駅周辺のグルメ旅が始まるわけです。一人で行く時もあれば、座員の皆さんと行く時もあります。とにかく味のあるいいお店が多いんです。食べログプラスお得意のブラブラ歩きで見つけた名店が、稽古場から森下駅までの五百メートルくらいの間にズラズラと並んでいるんですよ。少し路地裏に入ると、これまた昔ながらの定食屋があったり、オシャレなカフェがあったりパン屋さんがあったり。一番多いのが洋食屋。これは意外でした。

昔ながらのメニューもある洋食屋で、私がよく通ったのが「洋食屋もりもり」さん。一人でランチに行く時もあれば、稽古終わりに、ガンバレルーヤ達と一緒に行ったり。メニューはステーキやハンバーグ、ポークソテーにビーフシチュー、エビフライにかにクリームコロッケと、洋食のレジェンドたちがずらり。みんなで行く時は、全メニュー頼む勢いで、ワンパクにがっつきます。夜の九時三十分までオーダーを取ってくれますから、結構ゆっくりできるのも嬉しい。おつまみメニューも充実していて、きゅうりピリ辛漬け、ホタテのオーブン焼きなど、お酒のあても沢山。けっして広いお店ではないのですが、常連さんや、私たちみたいな芸能関係の人もちらほらいるみたいで、いつも大盛況のお店です。

次々とご紹介します。一人で行ってまた行きたいと思ったお店が「キッチンぶるどっく」さん。こちらも小さなお店なんですが、とにかくメニューが充実していて美味しい。煮込みハンバーグ、牛タンカツ、オムハヤシにナポリタン。もう腹がパンパンになるまで食べてしまいたい。でも今はダイエット中ってこともあり、ちょっとカロリーを考えてポークソテーにしました。これがうまいうまい、肉が上質！　なんか体がほっとする味というか、ちゃんと噛んで食べてるのに、ゴクゴクという感じで喉を通っちゃう。ご夫婦でやられているのかな？　いい感じの空気感のお店。ここは森下通いがなくなっても行きたいお店ですね。

そしてハンバーグ専門店もあります。「モンブラン森下店」さん。こちらも人気店で昼も夜もお客さんが並んでいます。ハンバーグ専門ですが他のメニュー、鶏の唐揚げや海老マヨサラダ、エスカルゴなども、これまた充実しているんです。でもやはりここはハンバーグ。鉄板焼きハンバーグなのでじゅうじゅういわせながら出てきます。種類も豊富で、フランス風オランダ風ロシア風和風メキシコ風イタリア風、ハンバーグシチューにカレーハンバーグ、もう迷うやろ〜。こういう時はあまり冒険できないタチで、和風かデミグラスのフランス風にしちゃいます。たっぷりのソース、熱々でいただきました。うん、しっかりと美味しい、これは全種類オーダーしたい……もうそんなことばっかり言うてますよ。普通、公演前の稽古中と公演中ってやせると聞くんだけど、このペースでは絶対無理ですよ！　だからとにかく歩く歩く歩く歩くを心がけて、一日四キロは歩いてます。四キロってなんかビミョーかしら（笑）。でも歩かないよりはまし！　とにかく洋食が好きになる街ですよ。

毎日食べに行った店

それからよく行ったのは居酒屋さんです。私はお酒をほぼ飲まないのですが、一品一品が好きな味のお店、「もつ焼稲垣森下店」さん。ここは安い旨いで、夜稽古が遅くなったら、自分ちかっていうくらい、毎日食べに行ってました。もつ焼のお店ですがメニューが多い。やきとりはもちろんのこと、もつ煮込み、お刺身、水餃子、グラタン、お魚料理、こってり系からあっさり系まで、すべての人が好き嫌い関係なく食べられるような、クセのない味の王道メニューが沢山。家族連れの方も多く、安心して過ごせる居心地の良いお店です。水谷千重子公演のポスターもしっかり貼ってくださり、いろいろサービスもしてくださり、感謝でございました。お客さんも気さくな方が多く、声をかけてくださったり、私も根っからの営業マンでもありますから、公演のチラシを皆さんに配ったり（笑）。みなさん、もらってくださるんですよ。千重ちゃん、もうチケット買ってあるよ〜なんて声かけてくれたりと、嬉しい限りです。

そしてあと二軒、紹介したいお店が。一軒目は**「はやふね食堂」**さん。ザ・地元のごはん屋さんです。常連さんで昼も夜もにぎわっています。こちらのママさんが面白くてあったかい方で、語りかけるように注文取ってくれるんですよ。魚は焼く？　煮る？　ご飯食べる？　どうする？　私が行った時、隣に座っていた女性が酔っぱらって帰るところだったんですね。ママさん、その人が見えなくなるまで、ずっとお見送りしていて、「あ〜無事に道曲がったよ、良かった」と独り言のように言うんです。あたたかいな〜と。斜め後ろでは、ご機嫌に呑んでいるおじさん達がかなり酔っぱらって、うそみたいな歌を歌い出したんです。「帰ろかな〜帰るのよそうかな〜」と、昔ドラマで使われていたような歌を、大きな声で、よたよたしながら歌ってるんですよ！（笑）。これは貴重な瞬間に立ち会えたなぁと。すぐに舞台のメンバー、ずんの飯尾さんとバッファロー吾郎Aさんに話しましたよ。お二人とも、もう時代が昭和で止まってる、ノスタルジックだね〜、今その歌ドラマで歌ったら、わざとらしい酔っ払いのふりするんじゃねーと、監督から駄目出し食らう奴ですよ！　と大受け（笑）。それを地で行ってるんですから素晴らしいですよ！

とにかく、なんとも素敵なお店なんです。料理は目玉焼やぶりの照やき。お味噌汁に卵を落とす？　と聞いてくれるママさん、はいと返事する私。卵二個食べることになったけど、一日二個までなら大丈夫と言い聞かせ、食べちゃいました。またまたいいお店めっけ、でした。

最後は森下駅の交差点のところにある「山利喜 本館」さんという居酒屋。有名なお店で、こちらももつ焼が人気の大衆居酒屋、かと思うとワインもあったり、大人が喜ぶラインナップ！ ずんのやすさんと行った時、お話ししてて笑いすぎて、やすさんの手がお箸に当たって箸が宙を舞い、壁にぶつかりワンバウンドしてまた元の箸置きに戻るという奇跡が起こったんです。もうやすさん、かんべんして下さいよ、そーいう星のもとにお生まれになったんでしょうね。

こちらのお店は客層もよくて、私の近くで、七十歳くらいのおじ様たちの飲み会が開かれていたんです。健全な飲み会で、十九時過ぎには解散って感じで、私の目の前を通って帰って行かれたんですが、お一人お一人が私の顔を見て、かぶっていた帽子をぬいで、わざわざ会釈して通っていかれたんです！ もうびっくり。なんて品のあるおじ様方なの！ こんな人生の後輩に、丁寧に挨拶してくださるなんて……。こういう歳の重ね方をしたいなあと、またまたあったかい気持ちになりました。

いろんな意味で心にしみた森下。稽古はもう終わりましたが、これからも森下には通い続けます。ありがとう森下！ また必ず戻ってきます、アイルビーバック！

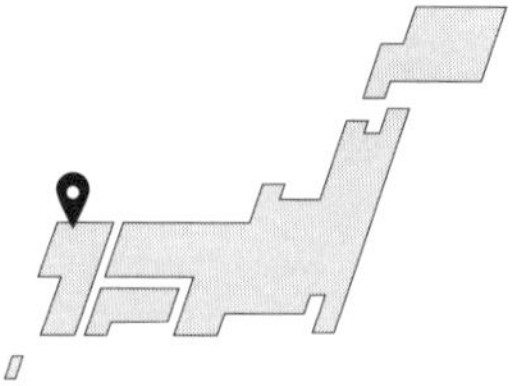

テンション上がる博多へGO!
福岡・博多

千重子が手にするのは
おなじみ「千重子水」

これを書いている今、いよいよ、「水谷千重子50周年記念公演」博多座の部が始まろうというところです。ちなみに三度目の50周年（笑）。

二〇二三年六月に明治座の公演が終わりましたが、途中、喉の不調で、観に来て下さったお客様に十分なパフォーマンスをお披露目出来なかったことが申し訳なく、悔やまれます。本当にすみませんでした。それでもキャスト、スタッフ、そして何よりもお客様が、とにかく盛り上げて下さり、なんとか千秋楽を迎えることが出来ました。感謝です。ありがとうございました。そしてこれから、博多座なのです。

博多座に旅公演へ

旅公演です。私の大好きな旅でございます。プライベートでも何度も行っちゃう福岡の地に、お仕事で、しかも大好きなお芝居と歌の二部構成というとにかく楽しいだけのお仕事で行けるなんて、最高でしかありません。博多座さんは今回で二回目です。二〇二一年に初の博多座公演をやらせていただきました。もうとにかくお客様の反応が素晴らしくノリノリで、演《や》っているこちらのテンションもアゲアゲにして下さるのです。毎日が千秋楽？　っていうくらいの拍手、笑い声がバチっと耳に刺さるのです（表現あってます？　笑）。あの景色をもう一度味わうことが出来ると思っただけで興奮します。

先日、その博多座公演のキャンペーンで、共演する御崎進（藤井隆）（↑このカッコの表記、本当はしたくないのですが、やっぱり入れた方が親切ですよね、知らない方のためには必要ですもんね。そのくせ、地方のお祭りなどで「水谷千重子（友近）」って書いてあると、「友近は書かないでいただきたい」と一言入れます。でもそれは横に私の写真があるからで……言い訳が長い。スミマセン。笑）、とにかく、パフォーマンスが抜群なその狂気の男、御崎進ちゃんと、博多にうかがいました。

昼は鶏の水炊き

私はトークライブもあったので三泊しました。三泊も出来るなんて、もう頭の中は「何を食べようかな」でいっぱいでございます。昼も夜も美味しいものが食べたい！　ちゃんとリサーチして行きましたよ。ただ二日目と三日目のお昼はキャンペーンの途中なので、お弁当を用意して下さっていましたが。一日目のお昼は時間がありましたから、大好きな鶏の水炊きを食べに行きました。

「橙」さんというお店。水炊きの鍋にはスネ、骨付きモモ肉がすでに煮込まれていて、大きくゴロゴロした肉が、スープの中で泳いでいます。まずスープをいただきます。ス～ッと体に入ってくる、旨味が強い、でもこってりし過ぎていない美味しいスープ。そしてモモ肉は煮込み過ぎると硬くなるので先にお召し上がり下さい、というお店からのアドバイスがありましたから、先にいただきます。う～ん美味！　しっとりとした、旨味の強いモモ肉！　とにかく一個が大きいので食べごたえがあります。スネもいただき、これもうまい！　次に手羽元が入ります。最初は透き通っていたスープが、次第にコクを増し、味が変化していきます。これにご飯を入れたら最高のお雑炊が出来るなあと、序盤で思ってしまった食いしん坊でございます。ところが、締めは雑炊もあるのですが、こちらでは素麺を出してくださる。珍しい！　両方味わいたいところですが、ここはダイエット精神がまだ続いてますから、素麺をオーダーすることに。

あっと！ その前に、ここの水炊きのお肉で私が一番好きなのは、つくねです。玉ねぎが入っていて、甘くしっとりした団子なんです。美味しいのなんのって！ あ〜また食べたくなった。そして、別注文する若鶏の唐揚げが劇的にうまいです。山椒が効いていてジューシーで、これまた一つ一つが大きい！ 肉汁がこぼれ出してきてたまりません。二ついただきました。四つは行けるかな！ そして最後の素麵ね、茹で過ぎずスープの味が沁み込んだ麵、するっと口に入ります。さいこう〜、何、この食感！ ちゃんぽんでもなくうどんでもなく、でも口の中での収まりが最高にいい！ 百束行けそうです（笑）。お昼から贅沢しました。その後はお仕事して、六時間後にはディナーが待っております。

夜は、宿泊していた「アゴーラ福岡山の上ホテル＆スパ（現 HILLTOP RESORT FUKUOKA）」の「ガーデンレストランｋ」でビュッフェをいただきました。普段はプライベートで行く時も、ホテルで食事をいただくことはあまりないのですが、このホテルは山の上にあって夜景がきれいなので、ちょっといつもと目先を変えて、ホテルディナーにしてみました。広いソ

広々と気持ちいい「ガーデンレストランｋ」

ファが置かれていて、目の前に博多の夜景が広がります。ローストビーフやビーフストロガノフ、お野菜も沢山のビュッフェ！　美味しい！　でもここは、夜景が一番のご馳走っていう感じです。ぼーっと出来る癒しの空間でのディナー、ありがとうございました。

刺激的すぎる記者会見

翌日は、御崎進と各局電波ジャックでございます。朝から情報番組に出演させていただき、御崎は朝の生放送なのに、映画「吉原炎上」の仁支川峰子さんの名ゼリフ「噛んで〜ここ噛んで〜」を、大きな声でシャウトしていました。周りはキョトン、びっくりというか、怯《おび》えていました（笑）。そーいう男です、御崎。そしてお昼は、上品な豪華弁当のご用意が。ありがとうございます。

午後からは記者会見です。記者会見というか、御崎と千重子のツーマンライヴという感じで、六十分間ずっとアドリブでバトルをする！　もう刺激的過ぎて笑い疲れました！　記者さんたちもみんなほんとに笑っていて、あんな光景あまり見たことない、まさに「爆笑記者会見」って感じでしたわ。夕方からも生放送番組に出させていただき、御崎はお仕事のため、夜の便で帰りました。サンキューでした。私は三日目、トークライブがありますからお泊り。その日も電波ジャックしますし！

トークライブは、「昭和を愛する女たち」というタイトルで、福岡で活躍中のDJ、lucyさんと、こが☆あきさんと三人で、トークを繰り広げました。三人とも同世代、八〇年代ドラマや歌が大好きで、あの頃に起きた出来事や事件についてくっちゃべる九十分でした。あー楽しかった！　最後はしっかり、博多座のお話をさせていただきました。

そしてその日のディナーは、焼き鳥です！　とりが好き！　かしわが好き！（西尾一男風）。博多座のスタッフの方に連れて行っていただいた「焼きとりの　とりこ」。何を食べても美味しいし、肉の一切れ一切れが大きいから、一本一本の食べごたえに大満足なんです。最後はご飯ものに行きたかったんですが、グッとがまん、鶏スープにしておきました。時間が経つと、お腹いっぱいになりますからね。しゃべって食べて、博多座公演が楽しみで仕方なくなる夜でした。

翌日も、また電波ジャックで朝から各局にお邪魔しました。お昼はお弁当を用意して下さるということだったんですが、何らかのアクシデントでそのお弁当が届かず、かなりショック……そうしたら、スタッフさんが近所でスパムを買ってきてくださいました。これがあったかく、本当に美味しく、バクバク食べちゃいました。お弁当が届いていたらスパムを食べることはなかったので、スパム大好きな私にとっては、ラッキーでした。しかしあの弁当はなんで来なかったのか……。そして生放送で、博多座の告知を沢山させていただきました。

博多座、いよいよこれから十三公演が始まります。たかだか四日間の滞在だけでもワクワクしたんで、十一日もあったらどうしちゃおうかな〜。一番楽しみなのはもちろん公演です。そしてその次がお食事！　今からリサーチして、栄養があるものを摂る、そして公演があるのでしゃべり過ぎない食べ過ぎない、をモットーに、とにかく楽しい博多を満喫したいと思います。

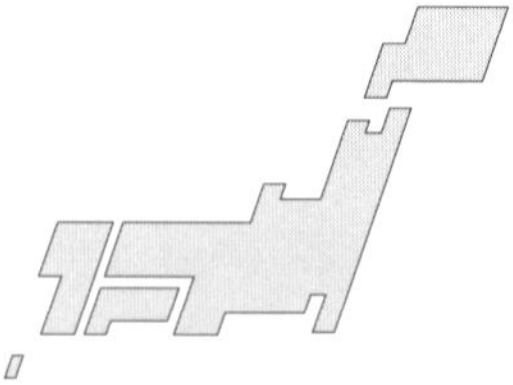

秋キャンプのすすめ

お肉焼いてます

年々、アウトドアが好きになってるんですよね。アクティヴな人間になってきてますよ。人生一度きりだから、思いっきり時間を有効に使って遊びまくるぞ、ってなもんで（笑）。最近も、千葉の方にキャンプに行きました。一番の目的はやっぱりバーベキューかな！ グランピングにもハマっていましたが、一から自分たちで揃えた食材を持ち込んで、テント立てて、キャンプファイヤーして、っていうのがやっぱり一番いいかも。大地と向き合ってアウトドアやってるぞーって感じ。

最初はぜひ経験者と

オートキャンプ場は、与えられた区画に車を置いてテントも立てて、というスタイル。なんだか自分たちで初めて家を建てる感覚っていうんですかね。ただ、ズブの素人だけでテントを組み立てるとロクなことにならないから、ある程度知識のある、頼りになる人と一緒に行くのが大事なポイント！　キャンプに行かない方は分からないかもしれませんが、テント組み立てるためのもろもろのセッティングをするのに、まあ時間がかかります。慣れた人と行っても準備に一時間はかかります。素人だけで行ったら、たぶんテント立てられないと思います（笑）。今、簡単に組み立てられるテントも沢山出て来てはいますが、しっかりした作りで、三、四人寝られるものとなると、やはりそれなりの広さ高さはいりますから、心しておいた方がいいです。

冬場はすぐ暗くなりますから、十三時からテントを立て始めないとすぐ夕方です。十五時か十六時には設置完了、そして暗くなる前に夕食の準備ですよ。キャンプ用のライト、ランプも付けなければいけませんし、ちゃんとキャンプをしたければ、揃えなければならない物は山ほどあるんです。まな板を置けるキッチン台、食材を入れるクーラーボックスと棚、椅子、テーブル、コンロ台、コンロ、食器を乾かすかごのようなもの、テントの前に張る屋根etc. もう大変ですよ。

今回はもう秋ですから暗くなるのも早いので、十五時には食材も買ってテントを立てて、料理の準備にとりかかる予定だったんですが、お仕事で遅くなりました。千葉に到着したのが十六時前。これはかなり危険な時間、暗くなってからではテントが立てられない。真っ暗になっちゃったらいろんな所からランプを借りてこなくてはいけないけれど、貸してくれるところなんてないですから。勘でテントを立てなければいけない！　それは無理、で、なんとか十六時前のまだ明るいうちに到着し、本当は食材を買ってからキャンプ場に行きたかったんですが、この買い物が楽しくって、一時間はスーパーであーでもないこーでもない、とやっちゃって遅くなるのは目に見えてたんで、先にテントを立てに行きました。慣れた人たちと行ったんですが、それでもいろいろ道具出してテント立てて、とやはり一時間はかかり、十七時くらいから買い出しになりました。

大型スーパーで買い出し

地方の大型スーパーはとにかく品数豊富で楽しいんですよ。最初の野菜コーナーでもう、足止めですよ（笑）。たまねぎ、パプリカ、ズッキーニ、もやし、にんにく、しょうが、キャベツ、れんこん、バーベキューの焼き用とスープ用にホタテを買って、ソーセージ買って、肉は和牛ロースと肩ロースと種類の違う肉をたくさん、そして焼き鳥、セセリ、豚しゃぶ肉、チーズにハムに、卵に、朝ごはん用の食パン、コーヒー、お菓子、ビールにジュースにお茶、もうきりがない。三人で二万円も買っちゃいました。二万！　でもグランピングに行くよりは安いです。ただキャンプにしては高い（笑）。いつも欲張ってこうなっちゃうんですよね。残したらあかんで〜と思いながらかごに入れちゃうんですよね。

そうこうしてたら四十分ぐらい経っちゃってました。十七時四十分、スーパーから出るともう暗い。十九時くらいまで明るいと勝手に思い込んでました。これは早く戻らなきゃいけないということで車を走らせて、テントのある場所に帰ってまいりました。

ここから調理スタートです。アウトドア用の食器や包丁も揃えましたから、ここからは段取りよくサクサクとやっていきます。というか野菜とお肉を切るだけですから（笑）。でも焼き鳥は、塩と胡椒の塩梅が難しいですよ。あとセセリは焼き過ぎるとしっとり感がなくなるから焼き加減が難しい。豚しゃぶ肉はもやしとポン酢で食べます。お肉は焼肉のたれかヒマラヤの岩塩（紀香さんがお好きなお塩）。そしてそしてスープ作り、サラダチキンは万能で、裂いてスープに入れると最高にいいチキンスープになります。マロニーも加えてたまねぎをけっこう大量に入れて甘くして、れんこんをサイコロ状に切って食感のアクセントに！

その間に薪でファイヤーを作り、その上に網を置いて焼き鳥やお肉を焼きます。炭焼きなのでおいしいはず！　食材も包丁で切り終わりましたので、カンパーイです。早速お肉をいただきます。さいこ〜。塩で食べるのがやっぱり美味しい！　お野菜はすぐ焼けちゃうので、少しあせかいてきたら、焼肉のたれをつけていただきます。焼きパプリカにたれをつけたら、なぜか焼き芋の味がしたんですよね～不思議。ちなみに一緒に行った二人に焼き芋の味するよね？　と言ったら、共感してもらえませんでした。おかしいな（笑）。椎茸も肉厚で、ひっくり返さないであせかいて汁が出始めたら食べごろなんで、ポン酢かお醤油でいただきました。バーベキューの椎茸は一番好きかも！　そしてじっくり焼いていた焼き鳥が出来上がり。塩と胡椒の塩梅はというと、うまい！　私が今までに行った焼き鳥屋さんで、あれ、これ美味しいかな？　って思った店より美味しかったです（笑）。つまりお店で食べるより美味しかったってことです。セセリは最初カリカリになっちゃって失敗しましたが、第二弾で、しっとりなんだけどちゃんと焼けている状態で食べることが出来ました。

夜空を見ながらホットコーヒー

バーベキューは本当に勉強になることが多いです。今回、バーベキューをやり始めたのは十九時くらいでした。ぎりぎりちゃんとした夕食の時間に間に合い、周りにも迷惑をかけずにすみました。ちなみにキャンプ場は消灯時間がありまして、基本二十二時です。今のこの季節はちょうどいいんですよ、暑くもなく寒くもなくですが、夜のキャンプファイヤーはダウンジャケットがいります。あったかいダウンにくるまれて、夜空を見ながらホットコーヒー飲んでぼーっとするって最高ですよ。鈴虫が鳴く声しか聞こえない。

ある程度ごはん食べたら、虫が寄ってこないように夜のうちにお皿を洗います。そして食器を乾かすかごに入れて水を切って乾かします。小さな火になったキャンプファイヤーをぼーっと見つめていると、火が消えると同時くらいに眠くなり、目も閉じてきます。なんて健全なサイクルになってるんだ！　テントの中には家から持ってきた、背中に負担のかからないマットと寝袋を置き、快適に眠れる空間を作りました。シャワーとトイレがすぐ近くにありますから、便利。朝も早起きして自然を満喫したいので、二十三時には寝ました。

翌朝、鳥のさえずりで目が覚めました。テントから出ると、トンボが静かにポールのてっぺんで休んでいました。こんな光景、普段見られないから写真撮っちゃいましたよ。朝六時半ですよ。ウォーキングして、昨日買った食パンを網で焼いたら失敗したので生食パンにしました。ハムエッグと、昨日のスープでモーニングです。外で食べると、やっぱりうまい！

木漏れ日のシャワーをあびながらの朝食は、ついつい菊池桃子さんの、♪こもれびがまぶしいそよかぜの坂道♪を歌ってしまいます。「夏色片想い」です。

キャンプは人を成長させる

チェックアウトは十一時です。八時半まで朝食食べてゆっくりしましたから、そろそろお片付け。この片付けがまた時間がかかるんです。洗い物して、テントを含め出したものを元に戻すって、意外と大変なんですよね。汚れてるし、きれいにして畳んで、組み立てたやつを解体して、袋に詰めて、どこの部品か分からないものが出てきたり。二時間半かかりました。片付けに、です。

でも、これもキャンプの醍醐味なんです。すっかりきれいになった時は心もスッキリしますよ。来た時以上に美しくして帰る、これをモットーに掃除しました。ああ楽しかったな、自分たちだけで出来るんだ、という自信もつくし、キャンプって人を成長させますよね。ただ楽しいだけじゃなく、先を読んだり、協力しあったり、頭使うし！

うん、これからは、温泉もいいけどキャンプの機会増やそうっと。いろんな人と行ってみたい！　これから冬のシーズンです。キャンプ好きな方は冬キャンプがいいと言いますから、あったかいかっこして、ぜひみなさんもキャンプ始めてみてください。

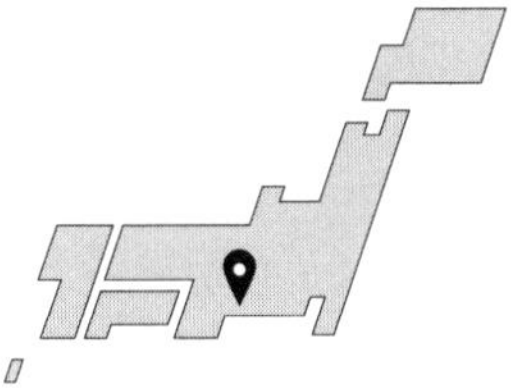

第二の故郷のお気に入りグルメ

愛知・名古屋

今回は名古屋です。私の第二の故郷と言っても過言ではない場所。というのも、二〇〇八年から始まった番組、「なるほどプレゼンター！花咲かタイムズ」のＭＣをやらせてもらっておりまして、もうかれこれ十七年になります。毎週土曜日の生放送です。

近所に行く感覚

十七年も毎週名古屋に通ってるって、よく考えるとすごい話ですよ。もう生活のリズムとして刻まれてますから、なんの違和感もなく普通に近所に行く感覚で、東京から名古屋に行っております。なぜこんなに長く続いてるんだろうと考える時があるのですが、ズバリ、出演者の仲がいい、ということに尽きますね。今日もみんなに会える！　今日も生放送でふざけられる（笑）！　というワクワク感が、やってて心地よく、楽しいのです。

ＭＣは私と、Ｔａｋｅ２の東貴博さん、そしてＣＢＣアナウンサーの南部志穂さん。出演者として永岡歩アナに斉藤初音アナ、松本道弥アナ。そしてなんといっても週替わりレポーターが面白い芸人ばかり、ガンバレルーヤにおいでやす小田に紅しょうがに3時のヒロイン、個性豊かな面々が出演してくれております。もうＶＴＲ見るのも楽しくて、ゲラゲラ笑ってしまいます。

かつて芸人レポーターはアジアンさんから始まり、ハリセンボンに渡辺直美ちゃん、ゆりやんレトリィバァ、尼神インターと、実力派ばかりが面白い番組を作ってくれておりました。いや～女芸人って実力あるなぁと思わせてくれる面々ばかりで、みなさんの力あっての十五年。そして視聴者の方々がとにかく番組を愛してくれています。「朝起きたらとりあえず『花咲かタイムズ』つけます」と、習慣にしてくれているのが嬉しい限り。

で、急に水谷千重子の話をしますが、水谷千重子のコンサートやディナーショーは東海地区で一番チケットが売れるのですよ（笑）。それはなぜかというと、この「花咲かタイムズ」で沢山宣伝をさせてもらえるのと、番組が、コンサートやディナーショーに毎回カメラを入れて、密着取材したものをたっぷり放送してくれるんです。それを見た方々が行ってみたいと思ってくださって、輪が広がって行くんですね。コンサートを見たお客さんにインタビューしてくれたり、「千重子サイコー、また必ず見にきます！」というコメントを流してくれたりと、有難い話です。

あ、千重子だけではなく西尾一男ちゃんも大人気。なんといっても一男ちゃんは、愛知県西尾市のシティプロモーション特命大使をやらせてもらってますから（笑）。実はこの夏、西尾市と西尾市のピザ屋さんとでタッグを組んで、西尾一男監修で、「西尾ピザ」が完成したんです。西尾特産の抹茶とチーズソースを混ぜ合わせたオリジナルソースを塗って焼いたピザ。ハチミツとクルミをトッピングした、今までに味わったことのない濃厚な旨みと苦みのバランスが絶妙なんです。これ私も食べたんですが、マジで美味しいです。期間限定になってるんですが、通年メニューに入れていただきたいくらい美味しいピザが、段取りできました（笑）。まあそんなこともあって、西尾一男ちゃんも東海地区には根付いているんです。東海地区の皆さま、今後とも水谷千重子、西尾一男ともども、ご贔屓《ひいき》よろしくお願い申し上げます（バカ言ってる）。

お気に入り名古屋グルメ

で、名古屋グルメもまた特徴的なんですよね。十七年間通ってますから、かなり美味しいものも食べてきましたよ。コロナ前までは毎週金曜日に前乗りをして、みんなでごはん食べに行ってたんですが、今は番組の予算削減もあり（言うな）、前乗りホテル代が出なくなって（言うな！）当日入りになりましたので、夕食をみんなでワイワイというのはなくなったのですが、それまでは沢山行きましたよ。

中でも私のお気に入りは、名古屋市中区錦にあります、「しび」さんというまぐろしゃぶしゃぶのお店です。ねぎま鍋ならみなさん聞いたことあるかと思いますが、まぐろしゃぶしゃぶは初耳の人多いんじゃないですか？　とにかく絶品。利尻昆布の出汁と醬油であっさり仕上げたスープと、まろやかな自家製ポン酢でいただくしゃぶしゃぶ。メカジキまぐろの希少部位を使った、とろけるような見た目は白いまぐろ。みなさん想像つきますか？　本当に感動します。コースを頼むとまぐろのお刺身もついて、締めは細長い餅なんです。もうこれがとろとろで、味が沁みていてうまい！　そして単品で毎回頼むのがまぐろのから揚げ。このから揚げ、今まで食べたから揚げ史上最高においしいから揚げかも。最後の晩餐の一品に（一品かい！）食べたいやつです。とにかくたまりません！　ぜひ一度ご賞味あれです。

次に私が推したいのはたこしゃぶです。出た、またしゃぶしゃぶ！　これはもうびっくりですよ。市内に二店舗ある「晴快荘」さんのたこしゃぶは、たこが日間賀島《ひまかじま》からの直送で、甘み旨みが格段に違います。あ、正式名称は「元祖もずくたこしゃぶ」です。出汁の中にたくさんのもずくとワカメ、ネギが入っており、そこにうすくスライスしたたこをしゃぶしゃぶとぐぐらせて食す！　うまいうまい、箸が止まりませんよ。最後の雑炊までノンストップ、やばいです。これは値打ちありますよ。本当、よそにはない食べものが名古屋には多いんです。

あと、あんかけパスタもオリジナリティー溢れ過ぎてますよね。ランチに私がよく行くのは、**「スパゲティハウスチャオ」**さんと**「からめ亭」**さんです。「チャオ」さんは新幹線に乗る前にテイクアウトも出来ますから、よく利用しております。ソースの味はと言いますと、ミートソースとデミグラスソースを合わせたものにピリッとスパイスを効かせた、なんともクセになる味。あんかけですからトロみがあるソースです。私はミラネーズという、ウインナーやハムやマッシュルームなどの入ったスタンダードなものをよく注文します。一度食べて気に入ったら、もう毎週でも食べたい味です。「からめ亭」さんは、私の中では少し上質なお店で、味は濃厚だけれど品がある。スクランブルエッグのトッピングが合います。新幹線に乗るまで時間があるときは、「からめ亭」さんをよく利用します。

あんかけパスタは、どちらかというとがっつりパスタになるので、女性よりは男性の方がファンが多いかもしれませんね。確かに女性アナウンサーで「私、あんかけパスタ好きなんですよ～」という人、聞いたことないかもしれません。美味しいんですけどね……。私はもう、あんかけパスタ大好きを堂々宣言です。まだ食べたことない方は、是非一度食べてみて下さい。

あら、お腹すいて来た！「花咲かタイムズ」はこれからもまだまだ続く番組です。と思っています（笑）。二十年、三十年と皆様に愛される番組を目指して頑張りたいと思います。そして美味しい名古屋グルメをこれからも堪能させていただきたいと思っております。名古屋バンザーイ！

バリ島でセレブ気分！

バリ島「ジ・アプルヴァ・ケンピンスキー・バリ」

プールサイドよ！

久しぶりに海外に行ってまいりました。バリ島に!!　ヌサドゥア地区の崖の上に建っている、インド洋に臨む「**ジ・アプルヴァ・ケンピンスキー・バリ**」という超高級リゾートホテルに泊まっちゃいましたよ。三泊四日、とにかくステキなホテルでした。だってサイトによっては六つ星ホテルって書いてましたよ、五つまでじゃないの、星は？　六つって！

事前に見た、ホテル正面からの写真が、超々セレブ感のある外観で、そのビジュアルに惚れこんじゃってすぐに予約しました。崖の斜面を活かした、段々に建てられている建築様式なので、セレブがこちらに向かって迫って来るような感覚。私、段々が好きなのかな。棚田も好きだし、一つ段差のある和室も好きだし、段差、段差、ダンサー・イン・ザ・ダークってよく言うし（ただのダジャレ！　笑）。好きなんですよね〜。

ジュニアスイートで贅沢旅

今回の旅は完全に贅沢旅です。飛行機はビジネスで行き、ホテルの部屋もプール付きジュニアスイートにしました。ただ、やっぱり「ジュニア」が付きます。「ジュニア」が付かない本当のスイートは、倍は行くからね、お値段が！

三泊四日と言っても、実はあまりゆっくり出来なくて、一日目は到着が夜だったんで、着いてから夕食食べたら、もう夜の十時くらい。正味ゆっくり出来たのは、二日間でしたね。

バリの空港に着いたらもう暗くて、周りに何があるのかあまり見えず、ただ、原付バイクが多いのが印象的でしたね〜、もう原付渋滞！　新興国ってやっぱりバイク、原付多めですね。とにかく田舎で、お店も薄暗ーい灯りで営業している飲食店やゲームセンター、自分の家の駐車場で勝手に店開いてるんじゃない？　というような、家のリビングの延長のような店とか、とにかく怪しい雰囲気の店が沢山。ほんとにこの先に六つ星ホテルなんてあるの？と不安に思っていると、突然現れるんですね〜。緑で囲まれた敷地が見えてきます。空気が一変するというのでしょうか、その緑の合間から光が差してくるわけですよ。

正面ゲートに着くと、さすがセレブな超高級ホテル、警備員さんが仁王立ちしていて、ゲートのバーは許可証なしでは開かないようにしてあります。厳重です。そこを無事通り抜けると、もう別世界。バリ独特のＢＧＭが聞こえてきて、民族衣装を着たスタッフがお出迎えです。ようやくホッとして、すぐにセレブ感を味わうことが出来るわけです。目に入ってくる、スケールのでかい建物と高級そうな調度品の数々、天井の高さ。上ばっかり見てしまってセレブになりきれない、ただのお上りさん！　なんでこんな大きいもんがここに建ったんやろ～、すげ～な～と、感心しっぱなし。お金のかけようがハンパ無い！　敷地も広いので、絶対に迷子になります。実際、チェックアウトまで、自分の部屋を覚えられませんでしたから（笑）。それでも親切に係の方が案内してくれますから、安心して過ごすことが出来ました。

お部屋はプール付き！

お部屋に入ると、息をのむようなすてきな景色！　と言いたいところですが、もう夜なんで、ガーデンプールの光は見えても海は見えません。でも、部屋はいいですね。キングサイズベッドが部屋に入ってすぐにあり、ソファ、書斎、バスルームも広し。なんといってもプール付きの部屋なんで、デッキのスペースが贅沢！　夜でも入れるナイトプール仕様なので、水浴び程度にプールに入り、ドリンク飲みながら夜のインド洋を（まっ黒ですが。笑）眺める。最高の過ごし方です。

夜ごはんは二十四時まで開いているレストランバーがありましたから、そちらに行くことに！　開放的なガラス張りのレストラン。屋上にはソファと籠《かご》に囲われた変わった個室もあり、そこでもお食事をとることが出来ます。せっかくなので、異国の風を感じて夜景を見ながらお食事したいということで、外のテラス席で食べることにしました。

メニューが全部英語！　単語見たらだいたい分かるやろ！　と思い、かなりの時間かけて読んだんですが、これが全く分からない（笑）。しょうがないので、携帯の翻訳アプリをメニューにかざして読み取りました。ほんとに今のアプリは優れてますねー、無事注文することが出来ました。

まず頼んだのはドリンク、ご当地ビールのビンタンレモンビール！　これがむちゃくちゃ美味い！　私、お酒は弱い方でほぼ飲めないのですが、このビールは飲みやすいし、美味いし、ゴクゴクいける！　日本でも置いてある店はあるんだろうと思いますが、コンビニでも売って欲しいくらい。三、四杯行けました、この飲めないアタシが！　そしてそのビールに合うお食事がやっぱり「サテ」ですね。サテも口に合う店と合わない店とがあるんですが、こちらのサテは、今までで一番美味しかったかも。日本で言う焼き鳥のようなもので、鶏や牛などの肉を銀の串に刺して、独特のタレをつけて焼く料理です。サテのほかには、豆腐と鶏肉を混ぜ合わせたような、見た目厚揚げのような食べ物（「チキンナゲット」ってなってました）、それとよく分からないやつ（その時は名前を覚えてたんですが……キャベツで巻いたココナッツソースの春巻きみたいなやつです）、そしてナシゴレン！　これは定番メニューですね。上に目玉焼きが載ってます。すべて美味しかったです。二時間近く堪能して、ご馳走様！

部屋に帰ってシャワーを浴びて、日本から持ってきた炭酸バブルの入浴剤を猫足バスタブっぽいお風呂に入れて、リラックス。ちょっとだけプール入って、また湯舟に入る、なんという自分勝手な時間、最高！　そしてゆっくりと温まり、二十五時くらいに就寝。朝のインド洋が楽しみ。景色を早く見たい！　そう思いながらぐっすり夢の中に。

風を感じるテラス席で

翌日の朝六時に目が覚めます。最近は、五時間経ったら目覚めるようになっています（笑）。周り一面ブルーの海と空。ハイビスカスの花が真っ赤で、風に揺られている、なんて素晴らしい景色。すぐにデッキに出て、風を感じながら深呼吸！　これは値打ちあるで〜（おっさん口調）。朝プールに入り、その後は朝食を食べに行きます。朝食はビュッフェスタイル。中華や洋食からエスニックと種類が豊富。朝食はスイートの宿泊客専用ラウンジでいただくのですが、ここにもテラス席がありましたからそちらに。美味い！　美味い！　美味い！　なんという贅沢な時間を過ごしているんだ〜と思いながら、穏やかに朝の時間を満喫しました。

　ランチは食べないですね。朝沢山食べたので、朝食の後は部屋でまったりですよ！　プールに入ったり、音楽流して思いっきりダンスしたり。ちなみに曲は私としては珍しく最近の曲、ブルーノ・マーズとマーク・ロンソンの「アップタウン・ファンク」をリピートで流し、食べた物を消費〜と思いながら踊りまくるのです。夕方は、ホテル内を散歩、なんせ広いですから歩くだけで運動になります。ショップに寄って、バリ島ならではの籠製品を見たり、写真パシャパシャ撮ったり、廊下に流れてくる曲に合わせて当てぶりして現地の人になりすましたり（笑）、いろいろ遊びましたわよ！

　そしてそうこうする内に夜ごはんタイム。鍋が大好きなので火鍋の店に行きました。日本の火鍋とはちょっと違って、一人用の鍋に野菜と肉を入れてしゃぶしゃぶするスタイル。辛いスープとノーマルなスープと、あとよく分からないスープ（笑）。肉を頼むと、物干し竿に布団を干しているみたいな形で出てきました。ドライアイスを下からたいて（笑）。外国っぽい演出ですよね。スープは自分で味を調整できるので、美味しくいただくことが出来ました。ご馳走様でした。

和食も美味しい！

そして三日目も、まったりと過ごします。やっぱりダンスはします（笑）。あと、日本から持ってきたネタの宿題があったのでそれに取り組んだりして、あっという間に最後の夕食ですよ。最終日は和食にしました。そして、ここで食べた茶碗蒸しがびっくりするくらい美味しかった！　ちゃんと出汁がきいていて、具材の鶏肉も美味しくて、もしかしたら今まで食べたどの茶碗蒸しより、美味しいのではないかー！　日本料理はやっぱり日本で食べた方が美味しいじゃないですか、という概念を覆されましたよ。めちゃくちゃ、美味しい！　美味しい！　言うてたら、シェフが挨拶に来てくれまして、「嬉しいです〜日本の方のお口にあって」と喜んでくださいました。他にも焼きギョウザ、うどん、から揚げｅｔｃ．……沢山食べましたが全部美味しかったのです。やっぱ出汁が決め手だね。出汁好きな私にとってはサイコーのお味でした。

食とリラックスの三泊四日の旅。あっという間でしたが、いい気分転換にもなり、デトックス出来ました！　バイビー！

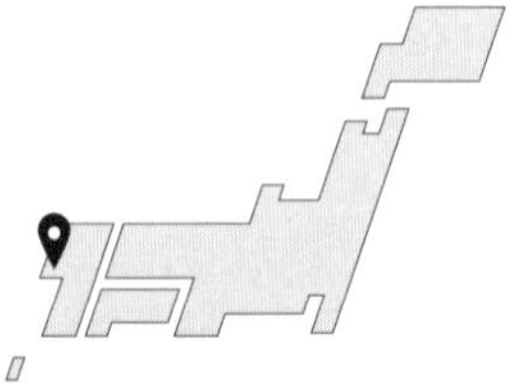

一年の旅の思い出を振り返る
佐賀・嬉野温泉「嬉野 八十八」ほか

これを書いている今、早いもんで、もう二〇二三年も終わります。早い！　安い！　うまい！　じゃないですが、本当に早い。今年は水谷千重子の明治座博多座公演、あっ三度目の50周年記念公演（バカ言ってる。笑）があったり、ジャズフェスティバルに本格的に参加させていただいたり、中高年プロアルバイター、西尾一男とピザを囲む会を全国で展開させていただいたり、NHKの朝ドラ「ブギウギ」に出演させていただいたり、と幅広く楽しいエンタメを経験させていただきました。

もう、楽しくなければテレビじゃない！（フジテレビのかつてのキャッチコピー）じゃないですが、楽しい仕事ばかり、ていうか、楽しくなるように自分で仕向けて行きました！

猿と記念撮影

が正解ですかね。みなさんもそうじゃないですか、いやいや仕事するよりも、あの現場行くの楽しみ、あの仕事が出来るのがワクワク、あの方とお会い出来るのがウキウキ！　がないと仕事って楽しくありませんよね。

これってやっぱり一番大切なことで、この本にも何度も書いてますが、仕事とプライベートが連動しているのが、私の一番の理想です。だからロケも仕事だと思ってやっていないから、変な演出なしでその場を素の自分で楽しめる。それが見て下さる方にも伝わって、友近さんのロケ楽しそう！　と思っていただけてるのだったらいいなと思ってます（笑）。そのロケ地の方と仲良くなって交流が生まれ、その町の特産品を送って下さり、お礼に手書きのお手紙を送って、ずっと関係が続く、ということが私の場合かなりたくさんあります。そしてその方のおすすめの商品や特産品が自分に合って、いいなと思ったら、勝手にインスタなどで紹介する。それを見た都内のショップさんからポップアップストアに出したいと連絡が入り、それを先方さんに連絡して、その田舎の特産品が都内で販売されたりと、そうやってつながっていくのが本当にステキで、みんながハッピーになれますよね。「つながる」ということを本当に大切にしたいと思っています。

人生と旅は切っても切れない

前々から移住に興味があり、NHKの「いいいじゅー!!」という移住がテーマの番組のナレーションをやらせてもらっています。その移住の番組で知ったところにプライベートで訪れた際に、「番組で取り上げて下さってありがとうございました。まさかプライベートでも来ていただけるとは!」と喜んでくださり、それが別の移住イベントにつながってゲストで呼んでいただき、移住の素晴らしさについておしゃべりさせてもらったりもしています。人生と旅は切っても切れないですね。私の場合、しみじみそう感じます。

昔は海が見えるところが好きで、今も好きなんですが、最近はもっぱら、山、森、林、という緑の大自然に癒されています。行く場所も、海沿いのホテルや旅館よりも、遠くに富士山の見える山奥のホテルや、北欧のように白樺の木が生えたリゾート旅館などに行くことが増えてきました。

マイナスイオンを求めるようになったのか、目が悪くなったので――元々1・5だったのがスマホや液晶画面を見る機会が断然増えたので今は0・4に――おのずと森のほうに気持ちが向かうのか、とにかく山を見ると癒されます。目もよくなったような気もしてます。もういい歳になりましたもんね! でもやってることや、生きる上でのアンテナ、感覚は変わっていないので、いまだに二十四歳くらい、いや十八歳、いや十歳ぐらいの頃と何ら変わってない気がするんですよね（笑）。

ロケで行けてよかった場所

二〇二三年に訪れた、森や林や山里でいうと、北海道の知床《しれとこ》、長野の地獄谷野猿公苑《じごくだにやえんこうえん》、佐賀の嬉野《うれしの》温泉はよかったですね。すべてロケですが、さきほども言ったように、私はロケをロケではなくプライベートな旅ととらえていますので、とにかく楽しく、みなさんにも知ってほしいポイントを独自に紹介しています。

知床では、ジビエの最高級のシカ、クマの肉を食べさせてもらったんですが、シカのハムがもう今まで食べた肉の中で最高の味わいと食感、香りがあり、一気にジビエファンになってしまいました。

私、みなさんに言ってませんでしたが、生きものの中で一番猿が好きなんです。特に子猿ね、もう、毎日一緒にご飯食べたいし、お風呂入りたいし、外に連れまわしたいし、たまらんですね。長野の野猿公苑のロケ中も、子猿と離れたくないからずっと写真を撮ったり、話しかけたりして、ロケがなかなか前に進まなかったです。それくらい大好きで、家でペットとして飼いたいくらいです。その猿に癒されて、「スノーモンキー」という列車にも乗って、絶景の露天風呂にも入り、深く深く深呼吸してリフレッシュしました。

佐賀の嬉野温泉は初めて行ったんですが、佐賀って食べ物なんでも美味しいんですよね、ちょっとびっくりしました。うかがった旅館は「嬉野 八十八《やどや》」さん。源泉100パーセントかけ流しの温泉で、別邸の方はすべての部屋にかなり広い露天風呂がついています。新しい宿ですのでとにかく部屋がキレイで、広く、明るく、言うことない！ そしてそしてお食事が、「炭焼きカウンター会席」というプランでしたが、寿司屋のようなカウンターに座ります。そこで食べたい食材があれば、このアワビでなんか作って下さいなどと、リクエストが出来るんです。最初にコースで出てきて追加で好きなものを！ というシステム。目の前にイクラ、ウニがあったので、これをご飯にのっけて海鮮丼にして下さい、もOK。佐賀牛もどーんと目の前にあるので、これをステーキ、もしくはしゃぶしゃぶ、網焼きetc.……なんにでもして下さります。そして嬉しいのが、嬉野温泉だけに嬉しいのが（笑）、ドリンクは何を飲んでも飲み放題。オールインクルーシブで、すべて宿泊料金に含まれています。飲んべえさんにとっては最高だと思いますよ。あいにく私はお酒がほぼ飲めないので、ソフトドリンクをがぶがぶ行きました。とにかく大、大、大満足のお宿でした。これを仕事のロケで行かせていただけるなんて、ほんまに恵まれてるわ〜、ありがとうございます。

自分で仕向けていくのが大事

と、このように二〇二三年は、舞台、プライベート、ロケ、バラエティー、ドラマと、本当にいろいろと充実した年でした。みなさんはいかがでしたか？　なんか楽しくないなぁと思ったことがあっても、何か一つだけでいいから、わくわくすること見つけましょう。自分で見つけましょ、向こうからはそうそう寄って来ないですよ。自分からそう仕向けていくことが大事。私もそうやってきました。職場のデスクの足元にヨギボーや足つぼマッサージしてくれる器具を置くだけで変われるでしょ？　ですよね？（笑）。自分なりの楽しみを見つけて、人生楽しんでいきましょうね。

あとがき

みなさま、読んでいただきましてありがとうございました。

途中、だれましたでしょ？　私も自分で読んでいてスーッと読める箇所と、なんか飛ばし読んでしまうところがありましたから（笑）。

しかし日本中いろんなところに行かせていただきました。

旅行の滞在では短すぎて、その土地の良さをわかったとは言い切れません。でも行かないよりは絶対にわかります。行くと必ず発見があります。

もちろん、旅＝お金がかかることなんで、みなさんもすぐに行ってくださいとは言えません。芸能人だから、いろんなところに行けるというのも正直あります。ロケや舞台などで。

ただこの本を読んで、ちょっと旅したくなったな、と思っていただけたら私は嬉しいです。

どこかへ出かけて少し自分の環境を変えるだけで、新しい生活、未来が待っているかもしれません。

是非みなさま、レッツ旅!!

初出　「小説新潮」2021年9月号～2024年1月号
なお書籍化にあたり、加筆修正を施しています。

装画　加藤正臣

JASRAC 出 2407450-401

友近

1973年、愛媛県松山市出まれ。2000年入学の吉本興業の若手タレント養成所NSC第23期生。ピン芸人として活動し、2003年にはNHK上方漫才コンテスト優秀賞、NHK新人演芸大賞を、2004年にはABCお笑い新人グランプリで優秀新人賞を受賞。ひとりコントやものまねには定評があり、数多くのバラエティー番組やCMに出演、人気を博している。ドラマ、映画等で女優としても活躍。コンスタントにコントライブを開催するほか、芸能生活50年の水谷千重子、中高年プロアルバイター西尾一男などと共に全国を駆け巡る。

友近《ともちか》の思《おも》い立《た》ったらひとり旅《たび》

発　行　2024年10月30日

著　者　友近《ともちか》

発行者　佐藤隆信
発行所　株式会社新潮社
〒162-8711　東京都新宿区矢来町71
電話　編集部　03-3266-5411
読者係　03-3266-5111
https://www.shinchosha.co.jp

装　幀　新潮社装幀室
組　版　新潮社デジタル編集支援室
印刷所　大日本印刷株式会社
製本所　大口製本印刷株式会社

ISBN978-4-10-355821-7 C0095